Franz Arenhövel / Bernhard Ringbeck
Fördern macht Spaß

„Sooft als möglich ziehe man die sinnliche Wahrnehmung hinzu, damit alles sich besser einprägt. Es muß zum Beispiel das Gehör mit dem Gesicht, die Sprache mit der Hand stets verbunden werden, indem man den Wissensstoff nicht bloß durch Erzählung vorträgt, daß er in die Ohren eindringe, sondern auch bildlich darstellt, damit er sich durch das Auge der Vorstellung einpräge."

Johann Amos Comenius

Franz Arenhövel / Bernhard Ringbeck

Fördern macht Spaß

Ganzheitliche Fördermaßnahmen für Kinder
mit Lernschwierigkeiten

Auer Verlag GmbH

Gedruckt auf umweltbewußt gefertigtem, chlorfrei gebleichtem
und alterungsbeständigem Papier.

2. Auflage. 1998
© by Auer Verlag GmbH, Donauwörth
Alle Rechte vorbehalten
Gesamtherstellung: Ludwig Auer GmbH, Donauwörth
ISBN 3-403-02642-6

Inhaltsverzeichnis

1. Fördern macht Spaß!

FRANZ ARENHÖVEL, BERNHARD RINGBECK

So lautet der Titel unseres Erfahrungsberichtes der Intensivmaßnahmen, die wir seit 1992 für jeweils 10 Tage in den Sommerferien für lese- und rechtschreibschwache und – erstmals 1994 – für rechenschwache Kinder anbieten. Diese außerschulischen Maßnahmen fallen aus dem normalen Rahmen einer Schule heraus: Förderung von Lernschwierigkeiten in den Sommerferien. Aber: Alle Kinder – inzwischen sind es über 40 Mädchen und Jungen – kamen gern zu uns, auch in den wohlverdienten Ferien. Nur ein Mädchen hielt nicht durch, es wurde nach zwei Tagen durch ihren Vater abgemeldet. Die übrigen Kinder nahmen unser Angebot trotz der Ferienzeit sehr gern wahr. So fragten einige Kinder, ob die Maßnahme nicht verlängert werden könne, ob sie an der Maßnahme im nächsten Jahr wieder teilnehmen dürften oder ob man diese Angebote nicht an ihrer eigenen Schule anbieten könnte. Simon, der am ersten Tag unter starken Trennungsängsten litt und seine Mutter nur unter Tränen verlassen wollte, erklärte nach einer Woche: „Mama, warum haben wir so etwas nicht in den ganzen Sommerferien gemacht? Das macht doch wirklich Spaß."

Nur vier dieser Kinder kannten sich, da sie die gleiche Schule besuchten. Alle anderen sahen sich in den Maßnahmen zum ersten Male. Trotzdem gab es keinerlei nennenswerte Disziplinprobleme, alle Kinder spielten und lernten ohne Schwierigkeiten miteinander.

Von vielen Eltern hörten wir, wie zufrieden und gern ihre Kinder jeden Tag regelmäßig und pünktlich zu uns gekommen seien. Einige Eltern waren von der Entwicklung ihrer Kinder überrascht und meinten: „Wir kennen unsere Kinder nicht wieder." Vereinzelt hörten wir auch von Lehrerinnen ähnliche Urteile.

So sagte z. B. die Lehrerin von Dennis in einem Telefonanruf: „Was haben Sie mit Dennis gemacht? Ich kenne ihn nach den Sommerferien gar nicht mehr wieder. Ich muß mir Ihre Arbeit unbedingt vor Ort anschauen."

Aber auch uns „Therapeuten" hat die Arbeit sehr viel Freude bereitet. In den täglichen Vor- und Nachbesprechungen haben wir uns ausgetauscht und Lernschwierigkeiten einzelner Kinder analysiert und besprochen. Die meisten unserer Teammitglieder sind bereit, an weiteren Intensivmaßnahmen wieder mitzuarbeiten, da man von der Profession des anderen sehr viel lernen und für den eigenen Schulalltag übernehmen kann.

Fördern macht Spaß, den Kindern wie auch den Lehrerinnen und Lehrern.

Die Arbeit mit Kindern mit Lernschwierigkeiten verlangt nach unserem Verständnis eine ganzheitliche Förderung. Motopädische und ergotherapeutische Bemühungen sind ebenso wichtig wie ein Lernen mit allen Sinnen und ein kognitiv-verbales Training. Das wird unseres Erachtens in „normalen" Förderstunden zu wenig beachtet. Viele Förderstunden, so unsere Erfahrungen, laufen rein kognitiv ab. Dabei fehlen diesen Kindern häufig die Voraussetzungen, die ein erfolgreiches Lernen ermöglichen. So brauchen z. B. etliche Kinder mit Lernschwierigkeiten noch ergotherapeutische und motopädische Übungen, um eine Grundlage für das Lernen zu bekommen.

Förderung von Kindern mit Lernschwierigkeiten nach unseren Vorstellungen und nach unserer Konzeption versucht, jedes Kind ganzheitlich zu erfassen, es jedoch gezielt und individuell zu fördern. Es stellt ein geplantes, systematisch aufgebautes und kontrollierbares Vorgehen dar, in dem unterrichtliche und therapeutische Maßnahmen eine Einheit bilden. Alle Unterrichtsmaßnahmen basieren auf den immer vorhandenen Stärken eines Kindes, sie finden in Doppelbesetzungen in Gruppen bis zu fünf Kindern statt. Nur bei der Behebung der Rechenschwäche wird eine Einzelförderung durchgeführt.

Wir versprechen den Eltern, den Kindern oder den „abgebenden" Lehrerinnen und Lehrern nicht, daß die Lernschwierigkeiten der Kinder nach der Teilnahme an der Intensivmaßnahme behoben sind. Mit der Ferienmaßnahme wollen wir auf individuelle Lernschwierigkeiten so gezielt wie möglich eingehen, dabei vor allen Dingen möglichst viele Erfolge vermitteln, um so zum Aufbau eines gestärkten Selbstbewußtseins, dem größeren Vertrauen in die eigene Leistungsfähigkeit und neuer Lernmotivation beizutragen. Das für die positive Entwicklung eines Kindes so eminent wichtige Selbstwertgefühl soll durch diesen Ansatz gestärkt werden.

In diesem Buch haben wir die unterschiedlichen Beiträge zusammengestellt, die teilweise direkten „Rezeptcharakter" haben und in Förderstunden erprobt werden können. Verschiedene Fachleute, die an den Fördermaßnahmen teilgenommen haben, berichten über die Schwerpunkte, die sie – auch aufgrund ihrer Aus- und Weiterbildung – gesetzt haben.

Franz Arenhövel und **Bernhard Ringbeck** beschreiben im ersten Kapitel die Intensivmaßnahmen, die seit 1992 regelmäßig in den Sommerferien durchgeführt wurden. Sie begründen, warum diese Ferienmaßnahme effizient sein kann.

Im nächsten Artikel stellt **Franz Arenhövel** Verfahren vor, um eine Lese- und Rechtschreibschwäche sowie eine Rechenschwäche zu diagnostizieren, die zusätzlich zu den Gesprächen mit den Klassenlehrerinnen der Kinder durchgeführt wurden.

Alexandra Hoppe beschreibt ergotherapeutische Maßnahmen, die die Voraussetzungen für das Lesen- und Schreibenlernen sowie für das Erlernen der Mathematik sind. Diese Maßnahmen müssen in die Förderung lese- und rechtschreibschwacher Kinder mit einfließen.

Marianne Brinkmann bringt den motopädischen Aspekt der Förderung ein. Kinder mit Lernschwierigkeiten haben sehr häufig Bewegungsstörungen. Hier gibt sie einige Hilfen und Beispiele, wie die Motopädie in die Förderung mit einzubeziehen ist.

Anke Talmeier zeigt in einigen Übungsformen auf, wie die Feinmotorik trainiert werden kann, denn viele lese- und rechtschreibschwache Kinder haben eine schlechte Handschrift.

Claudia Buchenberger beschäftigt sich mit dem Thema der Einzelförderung. Sie geht der Frage nach, warum diese Fördermethode so wichtig für lese- und rechtschreibschwache Kinder sein kann. Sie weist in ihrem Artikel nach, daß schwerwiegende Lernstörungen im Lesen und Rechtschreiben im Regelfall nicht im „normalen" Förderunterricht auf rein kognitiver Ebene behoben werden können, sondern eine ganzheitliche Einzelförderung notwendig machen und rechtfertigen. Diese Einzelförderung kann auch im binnendifferenzierten Unterricht durchgeführt werden.

Bernhard Ringbeck weist in seinem Beitrag auf die Notwendigkeit des heilpädagogischen Reitens und Voltigierens bei Kindern mit Lernschwierigkeiten hin. Seit nunmehr 20 Jahren setzt er diese Maßnahmen als pädagogisch-psychologische Gruppenangebote ein.

Franz Arenhövel begründet, warum der Computereinsatz bei lese- und rechtschreibschwachen Kindern wichtig ist. Die Kinder, die sehr starke Aversionen gegenüber der schriftlichen Sprache aufgrund der vielen Mißerfolgserlebnisse bekommen haben, werden durch dieses Medium wieder bereit, sich mit der Schriftsprache auseinanderzusetzen.

In einem weiteren Artikel beschreibt **Franz Arenhövel** die Förderung von rechenschwachen Kindern, die erstmals 1994 in Form eines Pilotprojekts an der Maßnahme teilnahmen.

Lothar Dunkel versucht eine Bestandsaufnahme, indem er die Fragestellung beantwortet: Inwieweit ist die Schulpsychologie in enger Kooperation mit Schule in der Lage, Kindern mit einer Lese- und Rechtschreibschwäche durch gezielte Angebote zu helfen?

Franz Arenhövel und **Bernhard Ringbeck** stellen im nächsten Kapitel Materialien und Medien vor, deren Einsatz sich in der Förderung von Kindern mit Lernschwierigkeiten bewährt haben.

In einem abschließenden Artikel berichten **Franz Arenhövel** und **Bernhard Ringbeck**, wie eine innerschulische und außerschulische Fördermaßnahme aussehen kann.

Am Ende des Buches hat **Franz Arenhövel** seine Testverfahren, die sich in der Überprüfung von Lernschwierigkeiten bewahrt haben, zusammengestellt.

Wir danken

- dem Schulamt der Stadt Münster, besonders Herrn Stadtdirektor Janssen, für die ideelle und materielle Unterstützung nicht nur der Intensivmaßnahmen, sondern auch der nachmittäglichen Fördermaßnahmen;
- der Stiftung Siverdes, die in den Jahren 1993 und 1994 durch die Gewährung eines finanziellen Zuschusses die Fördermaßnahme erst ermöglichte;
- dem Schulamt für die Stadt Münster, hier besonders dem Leiter des Schulamtes, Herrn Mersmann, der uns – kostenlos – Klassenräume für die Intensivmaßnahme, aber auch die beiden Räume der Lernwerkstätten Sprache und Mathematik für die nachmittägliche Förderung zur Verfügung stellt;
- dem Sportamt der Stadt Münster, hier vor allem dem Leiter Herrn Schirwitz. Dem Antrag auf die Bereitstellung eines Trampolins wurde völlig unbürokratisch stattgegeben. Unsere bewegungsauffälligen Kinder nutzen diese Möglichkeit nicht nur in den Intensivmaßnahmen oder in den nachmittäglichen Betreuungsangeboten, sondern auch in den Sportstunden;
- Herrn Schulamtsdirektor Waterkortte vom Schulamt für die Stadt Münster, der unsere Maßnahmen äußerst wohlwollend unterstützt;
- dem Verein zur Förderung schulpsychologischer Arbeit, der uns von der „Bürokratie", von Organisationsfragen und von der Öffentlichkeitsarbeit entlastete;
- dem Reiterverein Greven und dem Kanuverein Münster, die unsere Intensivmaßnahme dadurch unterstützten, daß sie die Pferde für das Reiten und Voltigieren sowie sechs Canadierboote kostenlos zur Verfügung stellten;
- allen Lehrpersonen, die an den Maßnahmen teilnahmen, die mit uns die Konzeption trugen, aber auch weiterentwickelten.

Münster, im Juli 1995

Franz Arenhövel
Bernhard Ringbeck

2. Intensivmaßnahme zur Förderung von lese- und rechtschreibschwachen sowie rechenschwachen Kindern

FRANZ ARENHÖVEL, BERNHARD RINGBECK

0. Problemaufriß

Wir Lehrpersonen, die wir schon seit etlichen Jahren in der Grundschule arbeiten, bemerken immer mehr, daß sich die Schülerschaft im Sinne einer stark zunehmenden Heterogenität verändert. Insgesamt nähern wir uns auch in Deutschland Bedingungen, wie sie häufig in Schulsystemen herrschen, die schon länger integrative Modelle kennen. Wenn z.B. der WARNOCK-Report in England 1978 davon ausgeht, daß 20% der Kinder eines Schuljahrganges vorübergehend oder dauerhaft einer besonderen Förderung bedürfen (und deshalb als Kinder mit „special needs" = besonderen Bedürfnissen bezeichnet werden), dann kommt dies etwa der Beschreibung unserer hauptsächlichen Zielgruppe nahe: der Gruppe von Schülerinnen und Schülern mit besonderen Förderbedürfnissen in allgemeinen Schulen (EGGERT, 1994, S. 39).

1. Symptome von Lernschwierigkeiten

HURRELMANN schätzt die Anzahl der Kinder mit psychischen Störungen auf mindestens 10 bis 15 Prozent. Diese Kinder leiden unter Hyperaktivität, Aggressivität, Leistungsschwäche, Lese- Rechtschreibstörungen, Verunsicherungen des Gefühlslebens... (vgl. Dürftig-armselige Kost für die Sinne).

Diese Zahlen und Aussagen von HURRELMANN lassen sich zum Teil schon bei der Einschulungsuntersuchung der Lernanfänger in erschreckendem Maße nachweisen. So wurden z.B. im Schuljahr 1992 rund 20 Prozent der Jungen und 10 Prozent der Mädchen durch Ärzte des Gesundheitsamtes Münster zum Sportförderunterricht angemeldet. In der gleichen Untersuchungsgruppe lag die Rate der Sprachauffälligkeiten bei 2500 Schülerinnen und Schülern bei 10 Prozent der Jungen und 5 Prozent der Mädchen (vgl. GARDEMANN, 1992, S. 147).

Aus der schulpsychologischen Arbeit können diese Zahlen nur bestätigt werden. 60 Prozent der Grundschulkinder, die mit Verdacht auf eine Lese- und Rechtschreibschwäche der Schulpsychologischen Beratungsstelle der Stadt Münster

gemeldet werden, zeigen auch motorische Auffälligkeiten und Wahrnehmungsstörungen, die sich folgendermaßen äußern können:
– Beim Lesevorgang erleben wir eine angespannte Körperhaltung und erschwerte Atmung sowie deutliche Mitbewegungen der Füße und Finger.
– Die Stifthaltung ist sehr verkrampft, der Schreibdruck sehr hoch, die Stifte brechen häufiger ab.
– Es fallen häufig deutliche Mitbewegungen in den Extremitäten auf, die eigentlich nicht an der Ausführung einer gezielten Bewegung beteiligt sein sollten. So bewegen die Kinder beim Schreiben zusätzlich den Mund, die Zunge, die freien Finger, den ganzen Arm oder die Beine.[1]
– Beim Schreiben können die Kinder die vorgegebenen Zeilen nicht einhalten, sie schreiben häufig über den Rand hinaus.
– Das Schriftbild ist eckig und ungleichmäßig, die Buchstaben sind oft unterschiedlich groß und weisen in verschiedene Richtungen.
– Das Zählen mit den Fingern gelingt nicht, da die Finger nur schwer einzeln bewegt werden können.
– Die Kinder malen ungern bzw. halten hierbei den äußeren Rahmen nicht ein, Menschen werden ungenau und wenig differenziert gezeichnet, Einzelheiten wie Finger, Ohren, Haare fehlen bzw. werden vergessen.
– Der Umgang mit Klebstoff, mit Klebeband, Schere etc. gelingt nur schwer. Das Ausschneiden bereitet große Schwierigkeiten.
– Den Kindern fällt es nicht leicht, einen vorgegebenen Rhythmus aufzunehmen und nachzuklatschen.
– Die Auge-Hand-Koordination ist beeinträchtigt. So können Bälle, ob groß oder klein, nicht gefangen werden.
– Die Arm-Bein-Koordination gelingt nicht (z. B. beim Hampelmannsprung).
– Die Kinder können kein Seilchen springen, nicht auf einem Bein stehen oder hüpfen.
– Die Links-Rechts-Orientierung macht Schwierigkeiten.

Im Wahrnehmungsbereich stellen wir folgende Schwierigkeiten fest:
– Visuelle Wahrnehmungsstörungen treten oft in der Figur-Grund-Unterscheidung, in der Wahrnehmungskonstanz und in der Organisation von Wahrnehmungsinhalten auf.
– Akustische Wahrnehmungsstörungen verursachen Diskriminationsschwächen für Tonhöhen und besonders ein beeinträchtigtes Richtungshören, was zu Orientierungsmängeln im Raum (der Klasse, der Turnhalle, auf dem Pausenhof) und zu Unsicherheiten im Selbstwerterleben und im eigenen Verhalten führen kann.
– Taktile Wahrnehmungsstörungen äußern sich durch mangelnde Diskriminations- und Identifikationsfähigkeit bei der Erfassung von Gegenständen nach Materialbeschaffenheit, Größe, Form, Gewicht und Raumlage.

---

1 Hier ist nicht das Mitsprechen während des Schreibvorganges gemeint, die sogenannte Pilotsprache. Pilotsprache siehe auch Kapitel 9, Fußnote 3 (S. 100).

– Bei vielen der hier beschriebenen Kindern werden die Handlungsabläufe wesentlich erschwert, da Anweisungen und schulische Anforderungen nicht verstanden bzw. nicht adäquat befolgt werden können.

Zu diesen motorischen und wahrnehmungsmäßigen Schwierigkeiten, die zwar häufig im Kindergarten schon offenkundig wurden, aber in den wenigsten Fällen rechtzeitig z. B. durch eine motopädische oder ergotherapeutische Behandlung angegangen worden sind, kommt noch bei vielen Kindern im Verlauf der Grundschulzeit die Lustlosigkeit und der Frust im Umgang mit allen Lernmaterialien aufgrund der vielen Mißerfolgserlebnisse und oft wenig honorierten physischen wie psychischen Anstrengungen von seiten der Lehrerinnen oder Eltern hinzu.
Eine angemessene Förderung dieser Kinder muß die hier aufgeführten Schwierigkeiten mitberücksichtigen und sie behutsam und verständnisvoll bearbeiten. KIPHARD, der Begründer der psychomotorischen Übungsbehandlung in Deutschland, schreibt dazu: „Manche Fälle von Legasthenie, Dysgrammatismus und Dyskalkulie könnten höchstwahrscheinlich vermieden werden, wenn rechtzeitig auf motorische und perzeptive Grundstörungen sowie auf Lateralitätsstörungen geachtet würde" (KIPHARD, 1993, S. 164).

2. Zur Situation heutiger Grundschulkinder

Besondere Zielgruppe unserer ganzheitlichen Förderung sind Kinder, die vorübergehend oder dauernd Lernprobleme in Verbindung mit Wahrnehmungs- und Bewegungsstörungen zeigen; weniger Kinder mit habituellen Lern- und Entwicklungsstörungen vorwiegend auf organischer Grundlage.
Im folgenden sollen einige Bedingungsfaktoren von Lernschwierigkeiten, die oft mit Bewegungs- und Wahrnehmungsauffälligkeiten einhergehen, erwähnt werden. ZIMMER spricht von einer **„Entsinnlichung des kindlichen Lebensalltags"** – Hiermit ist gemeint, daß das selbständige Handeln vor allem durch Medien ersetzt wird und der Spielraum der Kinder (Spielplätze, Spielflächen, soziale Handlungen etc.) eingeschränkt ist. „Noch nie hatten Kinder so viele Sachen zum Spielen, noch nie gab es so viele Einrichtungen, die sich um ihre Freizeit, musischen und sportlichen Aktivitäten kümmern wie heute; und noch nie waren die Kinder allerdings so arm an Möglichkeiten, sich ihrer Umwelt über ihre Sinne, ihren Körper zu bemächtigen" (ZIMMER, zitiert in EGGERT, 1994, S. 12).
Großräumige Spiel- und Bewegungsaktivitäten von Kindern, intensive Körpererfahrungen, der freie Umgang mit den Möglichkeiten der Natur und damit verbundene fröhliche Lärmentfaltung sind deutlich in den Hintergrund der Spielformen von Kindern getreten. In unserem Alltag haben Kinder sehr wenig Möglichkeiten, natürliche Angebote aus der Umwelt aufzunehmen, sie zu verändern und Alternativen zu entwickeln. Darüber hinaus vermeiden viele Eltern auch

Gelegenheiten, die körperliche Anstrengungen oder eine Gefahr oder eine Herausforderung an die Risikobereitschaft von Kindern mit sich bringen könnten.

Dazu schreibt POSTMAN in seinem Buch „Das Verschwinden der Sinne": „Wann hat man zuletzt Kinder über neun Jahre gesehen, die Reiterkampf, Hinkel oder Blinde Kuh spielen? Auf den Straßen unserer Städte verschwinden die einst deutlich sichtbaren Kinderspiele immer mehr. So wie man es sich früher vorstellte, benötigt ein Kinderspiel keine Trainer, keine Schiedsrichter und keine Zuschauer. Es nutzt den Raum und die Mittel, die ihm gerade zur Verfügung stehen, und es wird von allein um des Vergnügens willen gespielt. Der Jugendfußball z. B. wird heutzutage nicht nur von Erwachsenen überwacht. Die Aktivitäten orientieren sich in jeder Hinsicht an den Leistungs- und Spitzensport, ohne Schiedsrichter geht es nicht, eine Sportausrüstung wird benötigt. Fazit: Kinderspiele sind vom Aussterben bedroht" (vgl. POSTMAN, 1987, S. 14).

Die „**Verinselung**" nimmt den Kindern sinnliche und Bewegungserfahrungen. Gemeint ist damit, daß Eltern als „Erziehungstaxis" die Kinder zu verschiedenen „Inseln" fahren, an denen sie dann Lernerfahrungen sammeln. Die Erfahrung besteht aus Inseln, die nicht mehr durch unmittelbare, konkrete Bewegungserfahrungen angeeignet werden, sondern bei denen jeweils auf der jeweiligen Insel intensiv mit einzelnen erlebt wird, während die dazwischen liegenden Räume kognitiv nicht repräsentiert sind.

ROLFF und ZIMMERMANN weisen darauf hin, daß viele Erfahrungen „**mediatisiert**" sind, d.h., daß Kinder Erfahrungen nicht mehr unmittelbar machen, sondern sie entweder über das Medium des Computers oder das Medium des Fernsehens erleben (ROLFF/ZIMMERMANN, zitiert in EGGERT, 1994, S. 15).

Dazu kommt noch ein weiteres Problem, das in der **Partialisierung und Elementarisierung** der Lernprozesse liegt. Die technologische Umwelt und die Realität des Alltags machen Lernen zu einem isolierten Prozeß. Schule ist in der Regel Unterricht getrennt nach Fächern und Gegenständen und eingeteilt in einen strengen 45-Minuten-Rhythmus. Die Schule bemüht sich zwar darum, ist aber oft nicht in der Lage, den reduzierenden und isolierenden Tendenzen des Alltags entgegenzusteuern (EGGERT, 1994, S. 13 f.).

Aufgrund dieser Voraussetzungen findet sich vor allem in der Grundschule ein enormes Anwachsen der Streuung der Lernvoraussetzungen und der Fertigkeiten und Kenntnisse, die Kinder in die Schule mitbringen. Es entfällt eine der zentralen Voraussetzungen für den Grundschulunterricht in der bisherigen Form: Die Annahme homogener Lerngruppen (EGGERT, 1994, S. 15 f.).

Die Folge davon **muß** sein: Eine stärkere Betonung des differenzierenden und individualisierenden Unterrichts, der vor allem für den Ausgleich unterschiedlicher Lernvoraussetzungen konkrete Hilfen bietet. Unterricht darf sich auch nicht auf die Vermittlung kognitiver Lernziele beschränken. Auch die Bewegungserziehung und die Wahrnehmungsförderung als Unterrichtsprinzip oder als zusätzliche Möglichkeit könnte es zumindest teilweise möglich machen, diejenigen ganzheitlichen

Anreize zu einer „guten" Entwicklung zu schaffen, die die Umwelt den Kindern vorenthält; nicht zuletzt, indem sie bei den Kindern die Aspekte der Motivation und der Beziehungsfähigkeit positiv beeinflußt.

Diese Vorüberlegungen leiteten uns, versuchsweise über 14 Tage in den Ferien ein ganzheitlich angelegtes Förder- und Übungsangebot durchzuführen, das ein Lernen mit allen Sinnen zugrunde legt. Diese Erfahrungen sollen auch für andere Grund- und Sonderschulen adaptierbar sein, und zwar
– in den normalen Unterricht am Vormittag,
– in innerschulische Fördermaßnahmen, oder
– in außerschulische Förderangebote.

3. Förderangebot für lese- und rechtschreibschwache sowie rechenschwache Kinder

Trotz der allgemeinen und zusätzlichen Förderung gibt es immer wieder Schülerinnen und Schüler, die das Lesen und Schreiben nur unter großem eigenen Einsatz und starker Unterstützung seitens der Erwachsenen erlernen. Ebenso gibt es zunehmend Kinder, die massiv unter Rechenschwierigkeiten leiden. Nach KLAUER sind sogar mehr Schüler von einer Rechenstörung als von einer Lese-Rechtschreibschwäche betroffen (KLAUER, zitiert in LORENZ/RADATZ, 1993, S. 15). Werden diese Kinder in der Grundschule nicht adäquat unterstützt, suchen die Eltern häufig außerschulische Fördermöglichkeiten. Die kommerziellen Unternehmen sprießen in jeder Stadt aus dem Boden. Im Schnitt erhalten zwei Drittel aller Schüler während ihrer Schullaufbahn Nachhilfeunterricht. Die bevorzugten Nachhilfefächer sind Mathematik, Englisch und Deutsch (FOCUS 12/1995, S. 85).

So liegen bei diesen Anbietern die Sätze für eine Förderstunde oft bei bis zu 120,00 DM.[2] Uns ist ein Fall bekannt, in dem Eltern für eine vierstündige wöchentliche (zwei Doppelstunden!) Förderung ihres Kindes in 1¹/₂ Jahren 27 000 DM an ein privates Förderzentrum gezahlt haben, ohne daß sichtbare Erfolge erzielt wurden, da die auditive Wahrnehmungsschwäche des Kindes nicht erkannt worden ist.[3] Die Ursachen der Lese- und Rechtschreibschwäche sind nicht beachtet worden. Es wurde, um einen Vergleich zu wagen, einem Kind, das noch nicht laufen kann, das Tanzen beigebracht. Begüterte Eltern sind bereit, viel Geld für eine Förderung zu

---

2 Fast jeder 5. Schüler in den alten Bundesländern hat im vorigen Jahr Nachhilfe bekommen. Je besser die Finanzsituation der Familien ist, desto mehr wird in diese zusätzliche Förderung der Kinder investiert, durchschnittlich immerhin zwischen 150 und 200 DM im Monat. Diese Fakten ermittelten die Bielefelder Erziehungswissenschaftler HURRELMANN und KLOCKE (vgl. Neue Deutsche Schule 6/7 1995, S. 4).

3 Eine Doppelstunde (= 90 Minuten) kognitive Förderung ist für das lese- und rechtschreibschwache Kind oft eine völlige Überforderung.

investieren. Und wie steht es mit den Eltern, die über diese finanziellen Möglichkeiten nicht verfügen?

Allzuviele Institutionen bieten oft auch eine umfassende Diagnose an, lassen es aber an ensprechenden Förderangeboten fehlen und geben nur allgemein gehaltene Ratschläge an die Eltern oder Lehrer weiter.[4]

Förderkurse für lese- und rechtschreibschwache sowie für rechenschwache Kinder fallen im Unterrichtsalltag oft aus. Sie liegen zum größten Teil in Eckstunden. Inhaltlich wird oft so vorgegangen, daß die Kinder für den nächsten Test „fit" gemacht werden. Die möglichen Verursachungsmomente der Lernschwierigkeiten werden nicht beachtet und nur selten im eigenen Unterricht berücksichtigt.

Die eigenen Erfahrungen, Hinweise und Berichte aus der Schule und aus der Schulpsychologie

- über die steigende Tendenz der motorischen Auffälligkeiten und Wahrnehmungsstörungen bei Grundschulkindern,
- über Konsequenzen, die sich aus der veränderten Kindheit ergeben,
- über Förderangebote privater Anbieter, die oft überteuert und ineffektiv sind und
- über den häufig beobachtbaren Ausfall der Förderstunden im Unterrichtsalltag ließen in uns den Entschluß reifen, einen kleinen Beitrag zu einem finanziell erschwinglichen Förderangebot in den Sommerferien zu leisten. Das Förderangebot muß die Belange der heutigen Kinder umfassend erreichen. Die interdisziplinäre Zusammenarbeit zwischen Pädagogik und Psychologie war für uns ein Fundamentum der Förderung. Wir haben Elemente aus der Psychologie, der Ergotherapie und der Motopädie mit der Pädagogik verzahnt, um auch so unseren ganzheitlichen Anspruch verwirklichen zu können.

Die Konzeption dieser Maßnahme wurde von den Herausgebern dieses Buches, Franz Arenhövel (Leiter einer Grundschule) und Bernhard Ringbeck (Schulpsychologe), erarbeitet.

4. Organisation der Maßnahme

1992 starteten wir nach einjähriger Vorbereitung ein Pilotprojekt. Drei Kinder wurden eingeladen; sie wurden zwei Wochen lang von 9.00–13.00 Uhr von Franz Arenhövel und Bernhard Ringbeck betreut.

Die Bereitschaft der drei Jungen, über den gesamten Zeitraum pünktlich, regelmäßig und mit großer Lernfreude unser Angebot anzunehmen, veranlaßte uns, in

---

4 Wer sich eines Intelligenztests und eines Diagnostischen Rechtschreibtests bedient, um eine Lese- und Rechtschreibschwäche zu diagnostizieren, muß sich fragen lassen, ob er nicht die neuesten wissenschaftlichen Erkenntnisse kennt und beachtet. Über Diagnosemaßnahmen wird im 3. Kapitel geschrieben.

den Sommerferien 1993 diese Maßnahme mit vierzehn Jungen zu wiederholen. Betreuer waren fünf Lehrpersonen, eine Motopädin und ein Diplompsychologe. In Kleingruppen von höchstens 5 Kindern wurden die Schüler von zwei Erwachsenen gefördert.

Im darauffolgenden Jahr stellten wir vor der Maßnahme unser Angebot der Öffentlichkeit durch einen Artikel in der örtlichen Münsteraner Presse vor. Die Resonanz war enorm groß. Innerhalb kürzester Zeit hatten 50 Eltern nachgefragt und wollten ihre Kinder anmelden. Aus diesen 50 Kindern und aus Anmeldungen, die schon vorlagen, wählten wir 20 lese-/rechtschreibschwache und zwei rechenschwache Kinder aus. Die Jungen und Mädchen kamen in den letzten 14 Tagen der Sommerferien zu uns. Förderlehrer waren vier Lehrerinnen, eine Motopädin, eine Ergotherapeutin, ein Diplompsychologe und zwei Studentinnen sowie ein Student. Die Studenten hatten Erfahrung in der Förderung. Sie wurden einer Gruppe zugewiesen, in der auch eine Lehrerin arbeitete. Fünf „Therapeuten" nahmen bereits an der Fördermaßnahme des Jahres 1993 teil.

Kinder sitzen im (selbstgebauten) Rathaus der Stadt Münster

Getragen wurde diese Maßnahme von der Schulpsychologischen Beratungsstelle der Stadt Münster. Durchgeführt wurde die Förderung wie in den letzten Jahren in den Räumen der Margaretenschule Münster. Hier standen uns sechs Klassenräume einschließlich der Lernwerkstätten Mathematik und Sprache zur Verfügung. Auch die Lese- und Rechtschreibstadt, die der Hausmeister der Schule, Herr Schlotmann, mit Herrn Arenhövel nach Ideen und Vorschlägen von RÜTIMANN (1989) aus Holz erstellt hatte, wurde in die Förderung mit einbezogen: Wir Lehrerinnen und Lehrer zogen uns mit einzelnen Kindern in die Häuser zurück, um bestimmte Übungen durchzuführen. So werden z. B. im Rathaus der Stadt Münster taktile Übungen durchgeführt: Der Schüler greift durch Öffnungen und ertastet Gegenstände, Buchstaben u. ä., die ihm der „Therapeut" reicht.

Im Zeitungshaus der „Westfälischen Nachrichten" werden mit Stempelkästen oder mit dem Lego-Kasten Texte gedruckt. Im Haus der Margaretenschule sind Lernspiele aufgebaut, die von den Kindern gespielt werden. Weiterhin nutzen wir den großen Spielplatz vor der Schule sowie die Turnhalle. Für die Zeit der Maßnahme stellte uns das Sportamt der Stadt Münster ein großes Trampolin und ein weiteres Absprungtrampolin zur Verfügung.

Finanziert wurde die Maßnahme durch Elternbeiträge – die Eltern mußten 200 DM zahlen – und durch einen Zuschuß der Städtischen Stiftung Siverdes, die uns 5000 DM zur Verfügung stellte. Von diesem Geld wurden die Honorare, einige Lehrmaterialien und eine Busfahrt zur Reithalle bezahlt. Das Schulamt der Stadt Münster verzichtete auf die Miete für die Räume während der Intensivmaßnahme.

5. Begründung für unsere Ferienmaßnahme

Von der Schulpsychologie kamen zunächst Einwände: Eine Förderung in den wohlverdienten Ferien – wo doch gerade die Kinder mit Lernschwierigkeiten die Pause von der Schule besonders brauchen. Um diesem Argument entgegenzutreten, ließen wir uns von folgenden Überlegungen leiten:

Eine Intensivmaßnahme in dieser Form läßt sich nur in den Ferien verwirklichen, da die Lehrpersonen in der Unterrichtszeit nicht verfügbar sind.

Eine weitere Rechtfertigung für unsere Intensivmaßnahme ist die effiziente Förderung innerhalb eines Kompaktkurses. Wir haben unsere Kinder zehn Tage lang vier Stunden am Tag gefördert. Diese vierzig Stunden erhalten sie auch in einem Schuljahr. Doch in der schulischen Förderung fallen oftmals diese Stunden durch Vertretungsunterricht aus. Auch ist die Gruppengröße nicht mit der zu vergleichen, die wir anbieten konnten. In unseren Intensivmaßnahmen werden höchstens fünf Kinder gefördert, die von zwei Lehrerinnen betreut werden. Die rechenschwachen Kinder erhalten eine Einzelförderung. Oftmals beschränkt sich der Förderunterricht für lese- und rechtschreibschwache Kinder innerhalb der „normalen" Unterrichtszeit auf das Austeilen von Arbeitsblättern, verbunden mit der Hoffnung, daß irgend etwas für das einzelne Kind schon dabei ist.

Der personale Kontakt zur Förderlehrerin ist für das Kind mit Lernschwierigkeiten ungemein wichtig. Erfolgreiche Förderung ist somit eine Frage der personellen und materiellen Ausstattung. Es sind nach unseren Erfahrungen unzulängliche Unterrichtsbedingungen, die auch Lernstörungen bedingen können: Zu große Fördergruppen, zu wenig Zeit mit dem einzelnen Kind. Rosemarie Köhler hat das treffend in einer Überschrift für einen Artikel zusammengefaßt: „Warum ich lesen und schreiben lerne – Weil du da bist." (KÖHLER, 1994, S. 11). In den Intensivmaßnahmen konnten wir die Möglichkeiten der Einzelbetreuung verstärkt nutzen und so auf die individuellen Schwierigkeiten der Kinder eingehen.

Es gibt Kinder, die mehr Zeit für das Erlernen des Lesens und Schreibens brauchen. Diese Zeit konnten wir den Kindern geben. Am Vormittag findet eine Förderung häufig im Klassenverband statt. Hier hat die Unterstützung des einzelnen Kindes nach unseren Erfahrungen nicht immer die notwendige Intensität.

Wir haben in unseren Intensivmaßnahmen gelernt, daß es nicht die dominierende Rolle spielt, welches Lese- und Rechtschreibtraining mit den Kindern durchgeführt wird (Voraussetzung ist natürlich ein Lehrgang, der dem methodisch-didaktischen Erkenntnisstand entspricht). Wichtig ist auch die personale angemessene Zuwendung zum Kind. Sie schafft eine Lernatmosphäre, die nach unseren Erfahrungen Lernzuwächse garantiert, da wir Lehrerinnen und Lehrer sofort auf Schwierigkeiten reagieren können.

Unsere Konzeption geht davon aus, daß **Fördern Spaß macht**. Wir bieten den Kindern Übungen und Aufgabenstellungen, die nach ihrem Verständnis nichts oder nur wenig mit der Behebung ihrer Teilleistungsschwächen zu tun haben, die aber für uns das Fundamentum einer effizienten und effektiven Förderung sind: Ergotherapeutische Übungen, motopädische Aufgabenstellungen im Freien oder in der Turnhalle, heilpädagogisches Voltigieren und Kanufahren auf einem nahegelegenen Fluß, der Werse, u. v. a. m., ein breitgefächertes Angebot, das nach unseren Vorstellungen entscheidend für das Lernen ist. Dieser ganzheitliche Ansatz ist in einer Intensivmaßnahme eher zu verwirklichen als im traditionellen 45-Minuten-Rhythmus.

6. Inhalte der Förderung

Die einzelnen Schwerpunkte der Förderung werden von den Autoren dieses Buches durchleuchtet. Wir möchten sie an dieser Stelle noch einmal zusammenfassen: Kinder mit Lernschwierigkeiten im Lesen und Rechtschreiben sowie in der Mathematik können nicht durch ein ausschließlich kognitives Training adäquat gefördert werden. Uns ist bekannt, daß bei vielen Kindern mit Leistungsausfällen schon Voraussetzungen fehlen, die notwendig sind, um das Lernen in bestimmten Teilbereichen zu ermöglichen. So haben wir festgestellt, daß Kinder mit einer Rechenschwäche verstärkt in ihrer Kleinkindphase nicht gekrabbelt haben. Diesen Schülerinnen und Schülern fehlt neben dem Überkreuzen der Mittellinie des Körpers auch das „taktile Lernen", das „begreifende Erleben" der Umwelt und Natur. Diese Defizite kompensieren sich später in Teilleistungsschwächen. Bei einer Lese- und Rechtschreibschwäche „korrigieren" wir zunächst nicht das Symptom, sondern suchen nach den möglichen Verursachungsmomenten, die z. B. ein bis zwei Entwicklungsstufen tiefer liegen können. Und hier beginnt unsere Förderung. Es gilt, durch eine Anamnese die Beeinträchtigungen aufzuspüren und gezielte Übungen anzubieten, die diese Schwierigkeiten beheben helfen. Jetzt kann neben der Reduzierung dieser Probleme parallel mit einem kognitiven Training begonnen werden. Diese Vorüberlegungen sind für uns notwendig gewesen, unsere Konzeption, die sich vom „normalen" Förderunterricht unterscheidet, zu entwickeln. Wir bieten deshalb ein ganzheitliches Training an, das neben kognitiven Aufgaben auch Wahrnehmungsübungen, Übungen in der Turnhalle, Kanufahren, Reiten, Voltigieren, Lernspiele, Übungen zum Körperschema, Gespräche und Rollenspiele u. v. m. beinhaltet. Es ist z. B. ein gravierender Unterschied, ob ich bei Kindern mit feinmotorischen Schwierigkeiten ein Schreibtraining anbiete, in dem das Kind viel

Kinder bauen mit KAPLA-Stäben

schreiben muß, oder ob Übungen „vorgeschaltet" werden: Knetübungen, Bauen mit dem Metallbaukasten oder mit KAPLA (das sind 11 cm lange und 3 cm breite Holzstäbe, aus denen die Kinder Türme, Häuser, Brücken usw. bauten) u. v. a. m. Ein anderes Beispiel: Daniel aus dem 3. Schuljahr kann noch nicht lesen, weil er sich u. a. Wörter von der Lautstruktur nicht erschließen kann. Er hört nicht, daß der Laut /t/ dem /a/ in „Vater" folgt. Hier helfen auch keine Leseübungen. Wir haben mit ihm zunächst Übungen wie akustische Analysen, Syntheseübungen und ein Silbenlesen durchgeführt.

Wir versuchen, nach einer Diagnose, auf die im nächsten Kapitel noch ausführlicher eingegangen wird, die Lernschwächen mit geeigneten Interventionsmaßnahmen zu reduzieren. Der ganzheitliche Ansatz, das Lernen mit allen Sinnen, steht bei uns immer im Vordergrund unserer Maßnahmen.

1. Zunächst einmal schaffen wir Voraussetzungen für das Lernen durch differenzierte Wahrnehmungsübungen: Auditive, optische, olfaktorische, taktile und gustatorische Übungen garantieren ein multisensorisches Trainingsprogramm.

2. Die zweite Voraussetzung ist das Bewegen. Die Lernfähigkeit des Menschen liegt in seiner Bewegungs- und Wahrnehmungsfähigkeit begründet. Alle Sinne des Menschen sind Systeme, die Bewegungsmustern folgen und damit auf seiner Bewegungsfähigkeit basieren. Ohne Bewegung gibt es keine Wahrnehmung. Weder Hören, Sehen, Riechen, Schmecken noch Tasten sind ohne zumindest minimale Bewegungen nicht möglich. Paul Dennison, der Begründer der Kinesiologie, sagt: „Bewegung ist das Tor zum Lernen" (HEIMEIER, 1994, S. 81).

3. Ebenso zentral und elementar ist das Phänomen der Berührung für die menschliche Entwicklung, das „Be-greifen". Deshalb spielt das taktile Lernen eine übergeordnete Rolle bei unserer Maßnahme. Hierbei berücksichtigen wir, daß unsere Kinder aufgrund der Mediatisierung oftmals Erfahrungen aus der „zweiten" Hand machen.

4. Eine vierte Voraussetzung ist das Spiel als Therapiemittel. Es mag seltsam erscheinen, daß bei der Fülle von Förderkonzepten für lese- und rechtschreibschwache sowie für rechenschwache Schülerinnen und Schüler das Spielen so selten erwähnt wird und seine Wirkungen kaum untersucht sind. Das Spielen und didaktische Spiele haben ihren festen Platz in unserer Förderung mißerfolgsorientierter Kinder.

5. Der gezielte Einsatz des Computers in der Aufarbeitung einer Lese- und Rechtschreibschwäche gehört zu einem weiteren Fundamentum unserer Förderung (dazu nähere Ausführungen im Kapitel 9).

7. Ausblick

Die Intensivmaßnahmen, die bislang durchgeführt wurden, waren für die Kinder, aber auch für uns ein großer Erfolg. Dies bestätigen die Reaktionen der betroffenen Kinder, der Eltern, aber auch der abgebenden Lehrerinnen und Lehrer. Obwohl wir auch auf einen Teil unserer Ferien verzichten, werden wir mit Sicherheit, wenn die Ressourcen (sprich Geldmittel) in den nächsten Jahren weiterhin fließen, neue Intensivmaßnahmen für Kinder mit Lese- und Rechtschreibschwierigkeiten und für rechenschwache Schülerinnen und Schüler anbieten und durchführen. Die Stadt Münster hat uns mehrfach signalisiert, daß sie diese Maßnahmen für ausgesprochen sinnvoll erachtet und uns bei der Finanzierung unterstützt. Interessierte Lehrerinnen und Lehrer, die mitarbeiten bzw. uns während der Maßnahme über die Schulter schauen möchten, gibt es schon reichlich.

Kinder und Lehrer sitzen in einem Boot

8. Literatur

ARENHÖVEL, F./RINGBECK, B.: Ferienkurse für Kinder mit einer Lese- und Rechtschreib-schwäche. In: Grundschule, 2/1994

EGGERT, D.: Theorie und Praxis der psychomotorischen Förderung, Textband, Dortmund 1994

GARDEMANN, J.: Motopädisch-psychomotorische Förderung an der Schule für Erziehungs-hilfe Münster. In: Praxis der Psychomotorik, Heft 3/1992

HEIMEIER, H.: Edu-Kinesthetik und die Entdeckung der Langsamkeit. In: MEYENBURG, C. (Hrsg.): Die Sache mit dem X, Freiburg 1994

KIPHARD, E.J.: Über die Notwendigkeit ganzheitlicher Unterrichtskonzepte in sonder-pädagogischen Förderklassen für wahrnehmungs- und bewegungsbeeinträchtigte Kinder. In: Praxis der Psychomotorik, August 1993

KÖHLER, R.: Warum ich lesen und schreiben lerne? Weil du da bist. In: Grundschule 5/1994

LORENZ, J.H./RADATZ, H.: Handbuch des Förderns im Mathematikunterricht, Hannover 1993

MIKETTA: Eltern im Schulstreß. In: FOCUS 12/1995

RÜTIMANN, H.: Die Lesestadt, Bern 1989

POSTMAN, N.: Vom Verschwinden der Kindheit, Frankfurt 1987

Dürftig-armselige Kost für die Sinne. In: Westfälische Nachrichten, Münster, 7. Januar 1995

3. Diagnoseverfahren zur Feststellung einer Lese- und Rechtschreibschwäche sowie einer Rechenschwäche und Fördermöglichkeiten

Franz Arenhövel

0. Problemaufriß

Ursachen für eine Lese- und Rechtschreibschwäche sowie für eine Rechenschwäche sind multikausal und haben wesentlich mit einem sorgfältig durchgeführten Anfangsunterricht zu tun. Neben vielen anderen Faktoren wird das Auftreten einer Lernstörung dadurch begünstigt, daß erste Klassen auch von Lehrkräften ohne spezielle Ausbildung im Erstunterricht geführt werden, die die neueren Erkenntnisse der Didaktik des Lesens, des Schreibens und der Mathematik noch nicht kennen. Das bedeutet, daß viele Kolleginnen und Kollegen auch aufgrund ihrer anderen fachlichen Schwerpunkte nicht in der Lage sind, die „Professionalität", die der Anfangsunterricht fordert, zu gewährleisten. Zwangsläufig kommt es zu Fehlleistungen.

Im folgenden Artikel möchte ich auf Diagnosemöglichkeiten einer Lese- und Rechtschreibschwäche und der Rechenschwäche eingehen, die sich in unseren Intensivmaßnahmen, aber auch in der schulischen Förderung bewährt haben.

1. Diagnose einer LRS

Durch einen neuen Erlaß in Nordrhein-Westfalen ist das Diskrepanzmodell: Rechtschreibung versus Intelligenz endlich weggefallen (RdErl. des KM NW v. 19. 7. 1991). Das heißt, daß wir nicht mehr die Rechtschreibleistung in Korrelation zur Intelligenz setzen müssen. Wichtigstes Diagnoseinstrument ist für uns nicht der Diagnostische Rechtschreibtest (DRT), den wir seit Jahren nicht mehr einsetzen, sondern die Ergebnisse des Freien Schreibens. Bei einem Diktat verlangen wir Wörter, die die Kinder in der Regel nicht frei schreiben, weil sie ihnen nicht geläufig sind. Beim Freien Schreiben üben die Kinder genau an den Wörtern, die sie häufig gebrauchen und die ihnen wichtig sind, die also ihrem Interessenbereich entstammen. Die Motivation, diese Wörter zu lernen, ist weit höher als bei Wörtern, die vom Lehrer im Diktat vorgegeben werden, aber die Kinder nur wenig betreffen.

Durch das Freie Schreiben erhalten wir ein ausgezeichnetes Instrument, den Förderunterricht zu individualisieren und zu differenzieren. Das bedeutet, daß die Diagnose der Schreibleistung für unseren Unterricht ungemein wichtig ist. In den Schülerarbeiten analysieren wir die Fehler und richten unseren Förderunterricht nach den entsprechenden Fehlersyndromen eines jeden einzelnen Schülers aus. Das gilt übrigens nicht nur für den Förder-, sondern genauso für den Rechtschreibunterricht.

1.1 Fehlerkategorien

Diese Fehlerkategorien sind entstanden in Anlehnung an die Kategorien von MÜLLER (1966, S. 13 ff.) und haben keinen Anspruch auf Vollständigkeit. Aber je weniger Wörter ich in die 10. Kategorie (Sonstige Fehler) „ablegen" muß, um so besser hilft mir diese Einteilung bei der Diagnose.

1. **Fehler bei den Merkwörtern:** Dazu zähle ich alle Wörter, die in Meiers Sprachstatistik aufgelistet sind und gegen deren Rechtschreibung das Kind verstoßen hat.
Beispiele: wier, unt

2. **Doppelungsfehler:** Dazu gehören alle Fehler, die das Kind macht, weil es den Unterschied zwischen kurzen und langen Vokalen noch nicht kennt.
Beispiele: stelen, Eke

3. **Ableitungsfehler:** Bei dieser Fehlerart kann das Kind Wörter noch nicht verlängern bzw. die Schreibweise aus dem Stammwort noch nicht ableiten.
Beispiele: lank; fehrt, Belle; klept statt klebt

4. **Fehler bei der Groß- und Kleinschreibung:** Hier beherrscht das Kind einfache Regeln der Groß- und Kleinschreibung noch nicht.
Beispiele: Kleinschreibung am Satzanfang; ball; Kurz, Wandern

5. **Dehnungsfehler:** Hier kann das Kind lange Laute noch nicht richtig schreiben.
Beispiele: faren; Mer, schiben

6. **Phonematische Fehler:** Das Kind verwechselt ähnliche Buchstaben.
Beispiel: schümpfen statt schimpfen

7. **Störungen im Wahrnehmungsumfang:** Wörter werden verkürzt oder verlängert geschrieben.
Beispiele: Schul, tinken statt trinken

8. **Störungen in der Wahrnehmungsrichtung:** Buchstaben oder Buchstabengruppen werden vertauscht.
Beispiele: tirnken statt trinken, säben statt sägen

9. **Störung der Wahrnehmung:** Das Wortbild ist völlig diffus.
Beispiel: einschpan statt einspannen

10. Sonstige Fehler: Diese Fehler lassen sich den anderen Fehlerkategorien nicht eindeutig zuordnen.

Es ist schwierig und oft nicht ganz einfach, immer eine eindeutige Zuordnung vorzunehmen. Es gibt Wörter, die lassen sich diesen Kategorien nicht zuordnen. Andererseits gibt es auch Wörter, die das Kind beherrscht, die es korrekt schreibt. Die grundsätzlichen Fragen, die ich mir bei der Betrachtung und Auswertung von Schülertexten stelle, heißt:

– Welche Wortgestalt wird sicher beherrscht?
– Was muß ein Kind als nächstes lernen, was muß ich ihm vermitteln, was muß es können?
– Mit welcher Strategie kann das Kind seine Privatschreibungen der Dudennorm annähern?

1.2 Diagnose der Rechtschreibleistungen durch das Freie Schreiben

Am ersten Tag der Förderung beginnen wir damit, daß die Kinder ihren Vornamen in Großbuchstaben untereinander schreiben. Jeder Buchstabe ist der Anfangsbuchstabe eines neuen Wortes. Zu diesen Wörtern sollen kleine Geschichten geschrieben werden (vgl. MERKELBACH, 1993, S. 52). Die Ergebnisse des Freien Schreibens geben uns viele Hinweise, ob und wie eine individuelle Förderung durchgeführt werden soll.

Im folgenden ist ein Beispiel aus der Intensivmaßnahme 1994 abgedruckt. Lisa besuchte die 4. Klasse einer Grundschule in Münster.

L   Lanweilich
I   Intriisand
S   sitzt
A   Arbens

Arbens sitzt Tina im Wonzimer und wartet auf ihrem Varter der noch im Dinst ist. Wall es ihr so lanweilich schltete Tina
das Radio ein die zeid verging aber der Varter kamm imer noch nicht! Tina dachte schon das etwas pasird ist mit ihrem Varter sie machte sich kroese Sorgen !!! Es klinge an der Tür Tina srekte auf, sie rante so schnel sie konnte zur Tür ofente sie und wer stant da der Varter fon Tina, Papi wo warst du ???
Tina wustets du nich das ich haut Spetschit hatt.
Ich dachte dier wer etwaspasiert !!!
nein es ist mir nichtz pasir !!!!

Die Einteilung der Fehler ergab folgendes Bild:

1. Merkwörter: Varter, zeid, imer, schnel, fon, hatt, dier, nich, nichtz
2. Doppelungsfehler: Wonzimer, pasird, rante, öfente, wustets, pasiert

3. Ableitungsfehler: stant, wer
4. Dehnungsfehler: Wonzimer, Dinst, kamm
5. Phonematische Fehler: Intriisand, Arbens, wall, lanweilich, kroese, srekte, haut
6. Störungen im
      Wahrnehmungsumfang: schltete, pasir, Spetschit
7. Sonstige Fehler: Grammatikfehler

Lisas Syndrome liegen bei der falschen Schreibung der Merkwörter, bei den phonematischen Fehlern und bei den Doppelungsfehlern.

Kurz möchte ich einige Übungen aus dem individuellen Förderplan für Lisa skizzieren:

1. Merkwörter werden mit allen Sinnen trainiert. In jede der fünf Fühlkisten kommt ein Buchstabe (V – a – t – e – r). Lisa ertastet die Buchstaben und bildet daraus ein Wort, welches geschrieben werden muß.

Merkwörter werden aus Knete gelegt. Lisa tastet sie ab und schreibt sie auf.

Merkwörter werden ihr mit dem Finger auf den Rücken geschrieben, die sie auf den Rücken eines anderen Kindes schreibt.

In das Computerprogramm Lese- und Rechtschreibmeister (ARENHÖVEL, 1992b) werden in der Zeit- und in der Silbenübung die Merkwörter eingegeben. Lisa muß diese Wörter dann schreiben.

Ein Kind übt am Computer, die Lehrerin schaut ihm über die Schulter

2. Um die phonematischen Fehler zu reduzieren, werden ihr Wörter lautierend und silbenweise vorgesprochen. Lisa setzt diese Wörter zusammen und schreibt sie auf. Weiterhin werden ihr Morphem- und Silbenübungen angeboten. Auch die Arbeit mit Signalgruppen spielt in der Förderung eine Rolle:

r	**oll**	en	
s	**oll**	en	
t	**oll**	en	
Kn	**oll**	en	usw.

3. Lese- und rechtschreibschwache Kinder haben oft Schwierigkeiten, kurze und lange Laute zu unterscheiden. Das ist auch bei Lisa der Fall. An diese Fehler gehen wir heran, indem wir zunächst Geräusche unterscheiden lassen (z. B. durch den Einsatz des Hörmemorys, des auditiven Programms „Hören-Sehen-Schreiben-Kontrollieren"). Morseübungen helfen ebenfalls, kurz und lang zu unterscheiden. Um Analogien aufzuzeigen, wird wieder verstärkt ein Silbentraining und die Arbeit mit Signalgruppen durchgeführt.

In der Intensivmaßnahme haben wir nicht alle Fehlersyndrome Lisas behandeln können. Wir haben aber dem Klassenlehrer Hinweise gegeben, welche Fehler wir angegangen sind und Vorschläge gemacht, wie Lisa weiter gefördert werden kann.

1.3 Lesetest

Ein weiteres Diagnosemittel ist die Durchführung eines Lesetests, der Hinweise auf die Lesefähigkeiten gibt.

Im Lesetest beginnen wir mit Wörtern, die die Lautstruktur Vokal – Konsonant – Vokal aufweisen. Dann folgen Wörter mit einem Konsonanten – Vokal – Konsonanten – Vokal. Der Schwierigkeitsgrad steigt, zum Schluß werden Wörter mit Konsonantenhäufungen angeboten.

Den Lesetest 1 setzen wir bei Erst- bis Drittkläßlern ein, den zweiten Test bei älteren Schülerinnen und Schülern (vgl. Kapitel 14).

1.4 Bildertests

Eine weitere Möglichkeit, eine Lese-/Rechtschreibschwäche zu diagnostizieren, ist der Einsatz der Bildertests (vgl. Kapitel 14). Auch bei diesen Tests wurde das Wortmaterial gezielt aufgearbeitet. Zunächst gehen wir mit den Kindern die Bilder durch, dann schreiben sie die Begriffe in die Linien.

1.5 Erstellen eines individuellen Förderplans

Mit diesen Diagnosemaßnahmen – Ergebnisse des Freien Schreibens, des Lese- und Bildertests – erstellen wir einen individuellen Förderplan für jedes einzelne Kind. Wir verfolgen das Ziel, das Kind so zu betreuen, daß es in einem Jahr so weit gebracht ist, daß es imstande ist, allein weiterzugehen. Wir gehen nicht von den Versprechungen aus, daß das Kind danach fehlerfrei schreibt. Es soll aber über Arbeitstechniken verfügen, mit denen es seine Lücken weiter schließen kann. Dazu gehört z. B. ein Silbentraining, ein Training mit Signalgruppen, mit Reimwörtern und das Beherrschen von Nachschlagetechniken. Gefordert wird ein adaptiver Förderunterricht im Sinne einer Anpassung an die emotional-motivationalen und kognitiven Lernvoraussetzungen der Schülerinnen und Schüler. Aufgabenanalysen können als eine Technik angesehen werden, deren Einsatz das Ziel verfolgt, den Unterricht bzw. die Lernhilfen möglichst optimal an den kognitiven Entwicklungsstand des Kindes anzupassen (SANDER, 1990, S. 1).

Im folgenden sei verdeutlicht, wie ein solcher Förderplan aussehen kann.

Förderplan für Martin G., 3. Schuljahr

Die Diagnose, die auch in Rücksprache mit der Klassenlehrerin durchgeführt wurde, ergab folgende Defizite:

Das visuelle und auditive Wahrnehmungsvermögen von Martin ist stark gestört. Im „Stern"-Test versagte er völlig (in diesem Test geht es um die Überprüfung der visuellen Wahrnehmungsfähigkeit). Viele Laute kann er in Wörtern nicht analysieren. Seine Aussprache ist verwaschen und undeutlich. Seine Lateralität ist unausgeprägt. Schwierigkeiten hat er mit Links-rechts-Zuordnungen, einige Buchstaben schreibt er seitenverkehrt. Sein Schriftbild ist verkrampft. Sein Kurzzeitgedächtnis muß trainiert werden.

Die Ergebnisse des diagnostischen Bildertests (den wir durchführten): Richtig geschriebene Wörter: Oma, Tor, Nase, Sofa und Auge. Viele Wörter waren als Wortruinen kaum mehr zu erkennen und der Fehlerkategorie „Störung der Wahrnehmung" zuzurechnen.

Im Lesetest konnte er nur einfache Wörter mit dem Lautbestand V-K-V erlesen.

Die Ergebnisse der diagnostischen Untersuchung ergaben, daß es keinen Sinn macht, mit Martin ausschließlich Lese- und Schreibübungen durchzuführen, weil er die Voraussetzungen für diese Fähigkeiten noch nicht hat. Dazu ein Beispiel: Martin wollte den Namen seines Pferdes „Kati" in den Rechner eingeben. Er schrieb das „K" und das „a", wußte dann aber nicht, wie der 3. Laut heißt. Hier erübrigen sich weitere Leseübungen, da die fundamentalen Voraussetzungen – das Abhören von Lauten – fehlen. Martin braucht auditive Wahrnehmungsübungen, damit er in der Lage ist, Wörter vom Laut her zu erschließen. Im vorbereitenden Gespräch mit dem Vater kam heraus, daß er im Kleinkindalter nicht gekrabbelt hatte (die Großeltern, die mit der Familie in einem Haushalt wohnten, untersagten Martin das Krabbeln, da ja seine Hosen beschädigt werden könnten!!!).

Folgende Fördermaßnahmen wurden während der Intensivmaßnahme im Sommer 1994 ergriffen:

1.5.1 Förderung der basalen Fähigkeiten durch ergotherapeutische und motopädische Übungen, durch Aufgaben aus der Kinesiologie sowie durch ein Wahrnehmungstraining

Der Aufbau der Therapie richtet sich nach den gefundenen Entwicklungsdefiziten, bei Martin z. B. der nicht ausreichend erlebten Krabbelphase. Es werden nicht die Symptome behandelt, sondern deren Ursachen.

– Geräuscheübungen wie z. B. Geräuschquelle lokalisieren
– Einsatz des Hörprogramms „Hören, Sehen, Schreiben, Kontrollieren" (AREN-HÖVEL / WILDE, 1982)
– Übungen mit dem Hörmemory
– Buchstaben ertasten, erfühlen, „be"-greifen (z. B. mit Knete), anfassen und ggf. aufessen (Russisches Brot)
– Buchstaben werden ihm mit dem Finger auf den Rücken geschrieben. Er „transportiert" in gleicher Weise diese Buchstaben auf den Rücken eines anderen Kindes.
– Spiel „Blinde Kuh" von Ravensburg
– Übungen zur Rechts-links-Unterscheidung wie z. B. „Zeichnen nach Diktat"
– Rhythmisierungsübungen; z. B. Klatschübungen: Vorgabe von Sequenzen, die Martin nachklatschen muß
– Buchstabenpräsentation an der Decke durch den Schein einer Taschenlampe
– Mit den Füßen einen mit einem Seilchen gelegten Buchstaben nachgehen

Mark „schreibt" auf Daniels Rücken

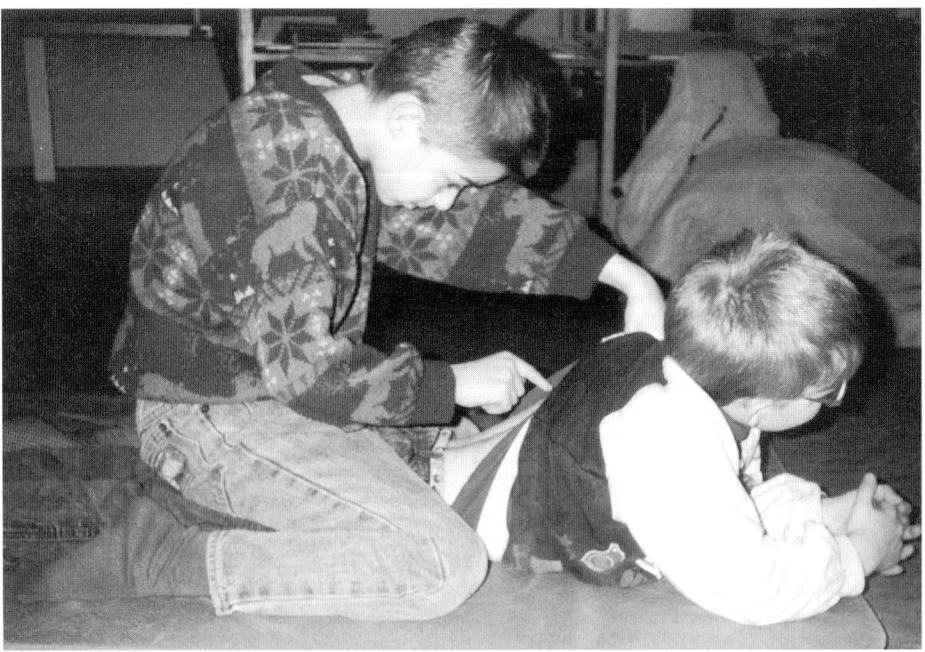

- Förderung der Feinmotorik: Bauen mit den Stabilbaukästen
- Optische Analysen von Buchstaben aus dem Programm „Optische Analysen" (ARENHÖVEL, 1992 c) und mit dem Computerprogramm LESEMEISTER (AREN-HÖVEL, 1992 d)
- Akustische Analysen von Buchstaben mit dem Programm „Hörhilfen" (AREN-HÖVEL, 1992 a)
- Übungen in der Turnhalle mit dem Rollbrett, mit Pedalos, mit Stelzen
- Schaukel- und Balanceübungen in der Turnhalle
- Übungen aus der Kinesiologie wie Überkreuzbewegungen, Übungen zum Überkreuzen der Mittellinie u. v. m.
- Das Kind steht auf einem Wackelbrett und bekommt einsilbige Nomen vorgesprochen. Die Vokale des entsprechenden Wortes wirft es mit einem Schwamm von der Tafel ab.

Dennis steht auf dem Wackelbrett und wirft auf die Buchstaben

- Konzentrationsübungen wie Fehlersuchbilder und Zeichendiktate
- Kim-Spiele (auch zur Verbesserung des Kurzzeitgedächtnisses)
- Ausschneideübungen zur Verbesserung der Feinmotorik

1.5.2 Lese- und Rechtschreibübungen

- Syntheseübungen: Lautfolgen eines Wortes werden vorgesprochen. Martin bildet daraus Wörter. Beispiel: B – u – ch
- Syntheseübungen: Silben kurzer Wörter werden vorgesprochen; er bildet daraus Wörter. Beispiel: Na se
- Wörter werden durch Klatschen in Silben zerlegt
- Aufbauübungen am Lesebrett mit einfachstem Lautmaterial: V – K – V
- Aufbauübungen am Computer
- Laufdiktate und/oder Schleichdiktate mit einfachen Wörtern (auch zur Verbesserung des Kurzzeitgedächtnisses)
- Bingo und Memoryspiele mit Wörtern ohne Konsonantenhäufungen (also nicht „Bild", sondern „Kamel", „Sofa" usw.)
- Silbenübungen am Computer; Programme: LESEMEISTER und KAROLUS

Es fällt auf, daß in diesem Förderplan die Lese- und Rechtschreibübungen quantitativ geringer ausfallen. Der Grund ist, wie oben ausgeführt, daß zunächst die Voraussetzungen für das Lesen und Rechtschreiben geschaffen werden.

2. Diagnose einer Rechenschwäche

Während für die Lese- und Rechtschreibschwäche einige Kriterien festgelegt sind – bis zur Verbindlichkeit des neuen Erlasses verwandte man in NRW verschiedene Testverfahren wie z. B. den DRT –, gibt es Entsprechendes für den arithmetischen Anfangsunterricht nicht. Und vieles fängt erst dann an zu existieren, wenn man es messen kann (LORENZ/RADATZ, 1993, S. 15).

Eine geringe Leistung im Mathematikunterricht spielt nicht jene gesellschaftspolitische Rolle, die die LRS innehat, so daß sich daraus noch kein Druck aus der Eltern- und Lehrerschaft für geeignete Maßnahmen ergibt (LORENZ/RADATZ, 1993, S. 15).

Ein weiteres Argument: In der Grundschule fallen Rechenschwächen nicht gravierend auf, weil die Kinder noch in der Lage sind, ihre Probleme zu „vertuschen". Ein Beispiel: Im 3. Schuljahr kann Stefan die Aufgabe 234 + 469 mündlich nicht lösen; schriftlich hat er keine Schwierigkeiten, da für diese Operation das kleine Einspluseins gefordert wird. Zur Not kann er einzelne Rechenvorgänge auch mit den Fingern durchführen.

Wenn ein Kind das kleine Einmaleins beherrscht, hat es auch keine Schwierigkeiten bei der schriftlichen Multiplikation und Division. Schwierigkeiten beginnen dann, wenn bei der Bruchrechnung die Instrumente nicht mehr „funktionieren" (siehe auch die Ausführungen im Kapitel 10).

Das wissenschaftliche Vorgehen entspricht dem praktischen. Auch wir Lehrer bemerken zuerst die fehlerhafte Lösung eines unserer Schüler und versuchen, sie durch geeignete didaktische Maßnahmen zu beheben. Erst wenn die Fehler bestehen bleiben, werden sie erklärungsbedürftig (LORENZ/RADATZ, 1993, S. 26).

Es ist unzureichend, bei Diagnose und Intervention im Falle von Rechenschwächen nur den Schüler zu betrachten, man muß das System Schüler – Umwelt (ich meine, besser ist der Begriff „Umfeld") mit in die Überlegungen einbeziehen. Nicht der einzelne Schüler ist schwach, sondern das System Schüler-Umwelt (WEMBER, 1991, S. 11). Und zu diesem System gehören auch wir, die Lehrerinnen und Lehrer. Ich bin zu der Überzeugung gekommen, daß der didaktogene Anteil des als Rechenschwäche bezeichneten Phänomens zur Kenntnis genommen werden muß.

Hinter allen frühdiagnostischen Bemühungen steht das Ziel, durch ein frühzeitiges Erkennen von Lernstörungen diese einer möglichst frühzeitigen Intervention zugänglich zu machen, um einer Verfestigung und Generalisierung vorzubeugen. Denn diagnostischen Anstrengungen kommt nicht an sich, sondern nur dann Wert zu, wenn sie zu Interventionen führen, die akute Probleme beheben und/oder zukünftige Probleme vermeiden helfen.

Wir Lehrerinnen und Lehrer nehmen also die Schwierigkeiten eines Kindes im mathematischen Anfangsunterricht wahr. Die Probleme liegen oft nicht in der Fähigkeit zur kognitiven Bearbeitung und Lösung. Das Kind ist vielmehr aufgrund eines persönlichen Problemes gestört oder blockiert, in den mathematischen Prozeß einzutreten bzw. ihn folgerichtig und konsequent zu bearbeiten.

2.1 Rechentests zur Diagnose der Rechenleistungen

Unsere „Instrumentarien", eine Rechenschwäche zu diagnostizieren, sind die Einzeluntersuchung und die Durchführung eines Rechentests. Für die Kinder der Klassen 1 bis 3 setzen wir den Rechentest I ein, für ältere Kinder den Test II. Diese Rechentests helfen uns bei der Diagnose. Sie sind aber **keineswegs** die einzigen Mittel, um die Rechenschwäche festzustellen. Auch sollte man sich davor hüten, die Tests in einer Klassensituation einzusetzen. Wir diagnostizieren eine Rechenschwäche ausschließlich in Einzelbetreuungen, die u. U. mehr als fünf Stunden in Anspruch nehmen können. Dabei ist der Test nur ein Hilfsmittel, um festzustellen, wie das Kind mathematische Aufgaben löst (die beiden Rechentests finden Sie im Kapitel 14).

2.2 Anamnese eines rechenschwachen Kindes

Robin, ein Kind aus dem 1. Schuljahr (2. Halbjahr), war auffällig geworden, weil er sich im Zahlenraum bis 20 nicht bewegen konnte. Ich förderte ihn acht Wochen lang. Zweimal in der Woche kam er zu mir in den Einzelunterricht.

Robin wächst bei seiner alleinerziehenden Mutter auf. Sein Vater trennte sich kurz vor der Einschulung von der Familie. Frau B. wollte ihren Sohn, obgleich schulpflichtig, zum Schuljahr 1992/93 nicht einschulen lassen. Den offiziellen Einschulungstermin nahm sie nicht wahr; erst auf massiven Druck des Amtes für soziale Dienste der Stadt Münster war sie bereit, Robin einem Einschulungstest unterziehen zu lassen. Dieser Test ergab Werte, die einen normalen Schulbesuch prognostizieren. Aufgrund dieser Werte konnte bei Robin von einer normalen Schullaufbahn ausgegangen werden. Im Gespräch mit mir versuchte die Mutter aber weiterhin, Robin von der Schule fernzuhalten. Sie gab Robins Infektanfälligkeiten und Kleinwachstum an. Im vergangenen Schuljahr hat Robin an keinem Tag gefehlt; seine Körpergröße ist durchaus normal.

Die Beziehung von Frau B. zu ihren eigenen Eltern ist äußerst gespannt. Ihre Mutter versucht, das Sorgerecht über ihr Enkelkind zu bekommen.

Robins Klassenlehrerin ist eine Frau.

Er nimmt an der Über-Mittag-Betreuung unserer Schule teil. Hier sind eine Sozialpädagogin und eine Studentin seine Bezugspersonen. Hinzugekommen ist noch Frau T., mit der er seine Hausaufgaben macht. Robin ist also ausschließlich von Frauen umgeben. Zunächst war das Verhältnis zur Sozialpädagogin normal, z. Zt. aber sucht er die Konfrontation mit ihr.

Wir sind der Meinung, daß Robins Schwächen auch in einer kompensierenden „over-protection" und Abschottung von seiten der Mutter begründet sind, die die notwendige Erfahrung des Kindes mit der Umwelt blockiert. Robin hatte bis zu seinem Schuleintritt keine Möglichkeit, eigenständig Fehler zu machen und hierüber Lernfortschritte zu erzielen. Zwei Wochen vor den Sommerferien wurde Robin von einer Pflegefamilie betreut, da seine Mutter eine langfristige Reha-Kur antreten mußte. In diesem Zeitraum konnten wir schon feststellen, daß er z. B. lernt, Aufgaben allein zu lösen, daß seine Leseleistungen besser geworden sind und daß er mit strukturiertem Material besser umgehen kann.

Robin kann bis 20 zählen und löst Additionsaufgaben im Zahlenraum bis 20 durch Vorwärtszählen. Die Ergebnisse der Aufgabe versucht er, qua Zählstrategie an seiner „natürlichen" Rechenmaschine (sprich: Finger) zu bekommen. Diese Strategie ist bei ihm aber fehleranfällig, er verzählt sich, benutzt nur nach Aufforderung konkrete Hilfsmittel. Subtraktionsaufgaben bereiten ihm größte Schwierigkeiten; Ergänzungs- und Zerlegungsaufgaben kann er nicht lösen. Seine Probleme mit der Ziffernschreibweise bestätigen sich, indem er einige Zahlen seitenverkehrt schreibt. Die Additon verbindet er nicht mit der Vereinigung von Mengen; einfache Stützaufgaben wie $1 + 1; 2 + 2$ etc. löst er durch Wissen. Er scheitert aber oft bei Aufgaben, deren Lösungen er nicht kennt. Geometrische Aufgaben wie Parkettierungen, Auslegen mit Quadraten, Rechtecken und Dreiecken sowie das Vervollständigen von vorgegebenen Reihen beherrscht er. Probleme hat er mit der Lateralität: Links-rechts-Unterscheidungen bereiten ihm nach wie vor Schwierigkeiten.

In den Förderstunden haben wir den Zahlenraum bis 20 neu erarbeitet. Strategien zum Lösen von Ergänzungs- und Zerlegungsaufgaben hat er sich aneignen können.

Ich bin auf seine Zähltechniken eingegangen. Die Perlenkette bis 20 mit Fünferunterteilung war ein probates Hilfsmittel, von dem Fingerrechnen wegzukommen. Das kleine Einspluseins hat er durch vielfältige Aufgabenstellungen und Strategien auswendig gelernt.

2.3 Hilfen bei Lernschwierigkeiten

Bevor man einem Kind in der Regelklasse mehr Übungsaufgaben „verschreibt" oder mit ihm in Förderstunden den Schulstoff wiederholt, muß die Art der Schwierigkeiten erfaßt werden. Wir müssen erkennen, welche Rechenstrategien der Schüler gebraucht, um zur Lösung zu kommen. Dann kann die Diagnose einsetzen, bei der es darum geht, herauszufinden, welche Lernwege für jedes einzelne Kind am besten geeignet sind. – Dazu ein Beispiel:

Sandra aus dem 1. Schuljahr ist nicht in der Lage, Zerlegungsaufgaben zu lösen; die Bedeutung der Symbole in einer Gleichung und deren Anordnung sind unklar, sie kommt bei der Aufgabe $9 = 3 + \square$ zum Ergebnis 12. Es hilft ihr gar nicht, wenn zusätzliche Zerlegungsaufgaben gestellt werden. Zunächst müssen bei ihr fundamentale Vorkenntnisse auf der enaktiven Ebene erarbeitet werden, damit ein neues Operationsverständnis angebahnt wird. Die Struktur von Gleichungen sowie die verschiedenen Notationsformen sollen mit Hilfe der Rechenwaage deutlich gemacht werden (vgl. RADATZ, 1989, S. 6).

Nicht selten verfestigen Schüler mit Lernschwierigkeiten durch zusätzliche Übungsaufgaben lediglich ihre Fehlertechniken, wenn das begriffliche und operative Verständnis vor den Übungen nicht neu entwickelt bzw. erarbeitet worden ist. Eine Förderung, die einseitig von den Defiziten der Kinder ausgeht, ist ungeeignet. Kinder wehren sich häufig mit Verweigerung, weil sie immer wieder auf ihre Unzulänglichkeiten gestoßen werden.

Eine Besonderheit unserer Schule nutzen wir auch in der Förderung von rechenschwachen Kindern, obwohl ich zunächst strikt dagegen war: den Einsatz des Computers. Eine Studentin untersuchte im Rahmen einer Examensarbeit, wie effizient der Computer in Übungsphasen des Mathematikunterrichts in unseren 1. Jahrgängen eingesetzt werden kann. Das Ergebnis: Die Kinder rechneten mehr als mit Papier und Bleistift – auch fehlerfreier. Ich bot Robin $1 + 1$ Aufgaben im Zahlenraum bis 10 an, die ich vorher in unser Programm eingegeben hatte. Innerhalb kürzester Zeit rechnete er 20 Aufgaben richtig. Seine Probleme und Schwierigkeiten mit den Ziffern und mit der Feinmotorik treten beim Computerrechnen nicht auf. Seine Tätigkeit hat für ihn einen anderen Stellenwert: Er rechnet nicht mehr, sondern arbeitet am Computer. Den Rechner setze ich nur sporadisch ein, um die Motivation noch lange zu erhalten.

Eine ausschließlich kognitive Förderung reicht bei weitem nicht aus. Denkentwicklung und Begriffserwerb setzen grundlegende Fähigkeiten der Informationsaufnahme und -verarbeitung voraus. Diese sind bei entwicklungsverzögerten, teilleistungsgestörten Kindern noch mangelhaft ausgebildet.

3. Ausblick

Von zentraler Bedeutung für eine effiziente und sinnvolle Förderung von lese- und rechtschreibschwachen sowie rechenschwachen Kindern ist die Diagnose der Lernschwächen und Lernstärken des Kindes. Ohne diese Diagnose kann keine gezielte Lernhilfe und Fördermaßnahme erteilt werden. Wenn diese Unterstützung seitens der Lehrer nicht erfolgt, steuern die Kinder aufgrund des andauernden Versagens beim Erlernen des Lesens und Schreibens sowie in der Mathematik in eine soziale Katastrophe.

4. Literatur

ARENHÖVEL, F. (u. a.): Mathebaum 1, Hannover 1993
BRAND I./BREITENBACH, E./MAISEL, V.: Integrationsstörungen, 4. überarbeitete Auflage, Würzburg 1988
GRISSEMANN, H./WEBER, A.: Grundlagen und Praxis der Dyskalkulietherapie, 2. korrigierte und erweiterte Auflage, 1993
MERKELBACH, V. (Hrsg.): Kreatives Schreiben, Braunschweig 1993
MÜLLER, R.: Anleitungsheft zum Diagnostischen Rechtschreibtest DRT 2, Weinheim 1966
LORENZ, J. H./RADATZ, H.: Handbuch des Förderns im Mathematikunterricht, Hannover 1993
RADATZ, H.: Lernschwierigkeiten und Fördermöglichkeiten im Mathematikunterricht. In: Grundschulzeitschrift 24/1989
RICHTER, S.: Die Rechtschreibentwicklung im Anfangsunterricht und Möglichkeiten der Vorhersage ihrer Störungen, Hamburg 1992
SANDER, E.: Probleme der Aufgabenanalyse. In: LORENZ, J. H. (Hrsg.): Lernschwierigkeiten in Forschung und Praxis, Köln 1990
WEMBER, F. B.: Frühdiagnostik bei Rechenschwäche. In LORENZ, J. H. (Hrsg.): Störungen beim Mathematiklernen, Köln 1991

5. Eingesetzte Materialien

ARENHÖVEL, F.: Hörhilfen, Münster, 1992 (a)
ARENHÖVEL, F.: Lese- und Rechtschreibmeister, (Computerprogramm), Donauwörth 1992 (b)
ARENHÖVEL, F.: Optische Analysen, Münster, 1992 (c)
ARENHÖVEL, F.: Lesemeister (Computerprogramm), Donauwörth 1992 (d)
ARENHÖVEL, F./WILDE, M.: Hören – Sehen – Schreiben – Kontrollieren, 1982
DUMMER-SMOCH, L./HACKETHAL, R.: Karolus 3, Kiel 1993

- Fühlkisten aus Holz. In diesen Fühlkisten ist eine Öffnung, durch die die Kinder fassen können, um Gegenstände, Materialien usw. zu ertasten. Es eignen sich auch Schuhkartons oder Turnbeutel.
- Hörmemory: In jeweils zwei Filmdöschen kommen Materialien, etwa Schrauben, Holzstücke, Sand, Kies etc. Durch Schütteln der Döschen werden die zusammengehörigen Paare erkannt.
- Spiel „Blinde Kuh", von Ravensburg

4. Ergotherapie zur Förderung von Kindern mit Lernschwierigkeiten

ALEXANDRA HOPPE

0. Einleitung

Schulisches Lernen findet überwiegend im Klassenraum statt: Das Kind sitzt am Tisch und macht seine Aufgaben. Es benötigt dazu eine ganze Reihe von Fähigkeiten, wie z. B. Konzentration, eine gute Feinmotorik, um zu schreiben, und eine differenzierte Körperwahrnehmung, die es befähigt, die geforderte Sitzhaltung über längere Zeit beizubehalten. Diese Fähigkeiten bilden die Grundlage, auf der das Kind Schreiben und Lesen lernt. Das Kind sollte sie bis zum Schuleintritt erworben haben.

Jedes Kind durchläuft von der Embryonalzeit an viele Entwicklungsschritte in einer festgelegten Reihenfolge: So kommen z. B. die meisten Kinder vom Liegen über das Sitzen, Knien und Krabbeln zum Laufen. All diese Schritte sind notwendige Voraussetzung, um dann zu Schulantritt in der Lage zu sein, komplexe feinmotorische Bewegungen auszuführen, sich Buchstaben und Zahlen zu merken oder sich im Unterricht zu konzentrieren.

Störungen in dieser Entwicklung können zu Problemen in der Schule führen. Lese-, Schreib- und Rechenstörungen, Verhaltensprobleme, Sprachstörungen, Konzentrationsmängel oder emotionale Probleme sind die Folge.

Um z. B. über eine Schwelle zu steigen, reicht es nicht aus, diese nur zu sehen. Ich muß das Gesehene mit vorherigen Erfahrungen vergleichen („Aha, eine Schwelle, da muß ich die Füße höher heben, sonst falle ich"), die Entfernung zwischen meinen Beinen und der Stufe abschätzen, die Schrittlänge so anpassen, daß ich nicht vor die Stufe trete, im richtigen Moment den Fuß der Stufe angemessen hoch heben, das Gleichgewicht entsprechend verlagern und den ganzen Fuß auf der Schwelle absetzen, um sie zu ersteigen.

Bei vielen, nicht bei allen Kindern reicht es, die Lerninhalte, die sie nicht begriffen haben, durch gezielten Förderunterricht zu beheben. Fehlen zu viele Voraussetzungen aus der Vorschulzeit, so reicht Nachhilfe allein nicht mehr. Hier ist es notwendig, die Defizite in der Wahrnehmung zu erkennen und es dem Kind zu ermöglichen, diese versäumten Erfahrungen nachzuholen.

Das Erkennen und Nachholen von Defiziten in der Wahrnehmungsentwicklung des Kindes ist die Aufgabe der Ergotherapie. Die ergotherapeutische Behandlung setzt an den in der Entwicklung zuerst aufgetretenen Störungen an: Das Kind bekommt die Möglichkeit, seine Defizite von Beginn an aufzuarbeiten.

Dazu wird die Methode der Sensorischen Integrationsförderung angewandt.

1. Sensorische Integration

Nach Jean AYRES, einer bekannten amerikanischen Ergotherapeutin und Psychologin, ist Sensorische Integration „der Prozeß des Ordnens und Verarbeitens sinnlicher Eindrücke (sensorische Inputs), so daß das Gehirn eine brauchbare Körperreaktion und ebenso sinnvolle Wahrnehmungen, Gefühlsreaktionen und Gedanken erzeugen kann. Die sensorische Integration sortiert, ordnet und vereint alle sinnlichen Eindrücke des Individuums zu einer vollständigen und umfassenden Hirnfunktion." (AYRES, 1984, S. 37)

Diese Reizintegration läuft bei den meisten von uns automatisch ab, so daß wir sie als selbstverständlich ansehen.

Bewußt wird sie uns meist nur in Ausnahmesituationen. Wie wichtig unser Gleichgewichtssinn ist, merken wir z. B. bei übermäßigem Alkoholkonsum.

Auch bei Kindern werden Wahrnehmungsstörungen häufig erst spät erkannt. Oft werden sie erst als solche identifiziert, wenn das Kind in der Schule versagt. Die Grundlagen für dieses Schulversagen sind oft schon Jahre vorher entstanden.

Bert ist im 2. Schuljahr. Er ist in der Schule unkonzentriert. Seine Schrift ist kaum lesbar. Er verwechselt beim Schreiben Buchstaben und kann nur einfache Worte lesen. Nach Aussage der Mutter war Bert schon vom Kleinkindalter an sehr bewegungsfreudig, dabei oft sehr tolpatschig. Mal- und Bastelaufgaben habe er immer gemieden. Bert hat eine Unterempfindlichkeit seiner Körperwahrnehmung, die er bis zum Schulantritt kompensieren konnte.

Sein Gehirn verarbeitet nur starke Bewegungs- und Berührungsreize. Daher muß Bert immer in Bewegung sein. Da er seinen Körper nicht so deutlich spürt wie andere Kinder, stolpert er oft, wirft Sachen um etc. Je feiner und differenzierter Bewegungen werden, desto größer werden Berts Schwierigkeiten. Bert merkt selbst, daß er schlechter malt als andere Kinder und hat daher auch keine Lust dazu.

Im Kindergarten wurden seine Störungen leider nicht erkannt, sondern als „typisches Jungenverhalten" akzeptiert. Erst als Bert nicht in der Lage ist, die komplexen Anforderungen der Schule zu erfüllen, wird seine Störung erkannt.

Um seine Schulprobleme zu beheben, muß er die versäumten Körpererfahrungen nachholen, da diese eine Voraussetzung für das Lesen und Schreiben bilden.

Diese Möglichkeit erhält er in der Ergotherapie.

2. Verlauf der kindlichen Wahrnehmungsentwicklung bis zum Schuleintritt

Da die normale Entwicklung der Wahrnehmung für das Verständnis der Therapie wichtig ist, möchte ich sie hier kurz darstellen. Die Entwicklung der Wahrnehmung erfolgt in vier Phasen, die aufeinander aufbauen:

Entwicklung der kindlichen Wahrnehmung

4. Phase
- Schulisches Lernen
- Kognitive Inhalte
- Abstrakte Lernoperationen
- Lernstrategien
- Selbstsicherheit

3. Phase

Lateralisation — visuelle Wahrnehmung — Auge-Hand-Koordination — Sprache

2. Phase

Bewegungsplanung — Körperschema — Koordination der Körperhälften
- Bilateralintegration
- Überkreuzen der Mittellinie

1. Phase

Wohlbefinden bei Berührung — Muskeltonus — Schwerkraftsicherheit — Gleichgewicht — extraokulare Muskelkontrolle

taktile Wahrnehmung (= Hautsinn) — propriozeptive Wahrnehmung (= Tiefensinn) — vestibuläre Wahrnehmung (= Gleichgewicht) — visuelle Wahrnehmung (= Sehen) — auditive Wahrnehmung (= Hören)

2.1 Erste Phase

Schon während der Schwangerschaft differenzieren sich die einzelnen Sinne aus. Am Ende des 3. Schwangerschaftsmonats ist der gesamte Körper tastempfindlich. Auch alle anderen Sinne nehmen schon vor der Geburt ihre Arbeit auf.

Nach der Geburt stehen dem Baby alle Wahrnehmungskanäle zur Verfügung. Die auf den eigenen Körper bezogenen Sinne, die sogenannten Basissinne, stehen aber im Focus der Aufmerksamkeit. Dieses sind die

– taktile,
– propriozeptive und
– vestibuläre Wahrnehmung.

Die **taktile Wahrnehmung** (Haut-, Tastsinn) umfaßt alle Informationen, die über die Haut aufgenommen werden. Das Kind berührt seine Umgebung und wird von seiner Bezugsperson berührt. Dadurch lernt es die Grenzen seines Selbst erkennen. Durch die Berührungen der Bezugsperson erfährt es emotionale Sicherheit und Geborgenheit.

Babys, die alleine z.B. auf einer Wickelunterlage oder in einer großen Badewanne liegen, fangen schnell an zu weinen – sie strampeln ins Leere, erfahren so die Grenze ihres Körpers nicht mehr und bekommen Angst. Im Normalfall versteht die Bezugsperson das Weinen des Kindes, tritt hinzu und streichelt es. Das Streicheln wirkt ordnend auf das kindliche Gehirn und das Kind beruhigt sich. Diese frühe Kommunikation zwischen Bezugsperson und Kind ist gleichzeitig Grundlage für die Bindungsfähigkeit des Kindes.

Die **propriozeptive Wahrnehmung** (Tiefensensibilität) umfaßt alle Informationen aus Muskeln, Sehnen und Gelenken. Sie ermöglicht das Zusammenspiel der Körperteile und gibt dem Kind Informationen über die Position und Bewegung von Körperteilen, die Bewegungsgeschwindigkeit und die eingesetzte Kraft.

Am Ende der Schwangerschaft erfährt der Embryo durch die zunehmende Enge in der Gebärmutter immer stärker die Grenzen seines Körpers. Er stößt bei jeder Bewegung an die Gebärmutterwand und spürt dadurch seine Muskeln und Gelenke.
Bei der Geburt erfährt das Baby durch die Kontraktionen im Geburtskanal ganz starke propriozeptive Reize. Diese tragen zur Reifung des Gehirns bei und erleichtern dem Baby die Anpassung an die völlig neue Umwelt.
Kaiserschnittkindern können diese Reize fehlen. Sie sollten nach der Geburt besonders viel getragen, massiert und gestreichelt werden, um evtl. Defizite auszugleichen.

Die **vestibuläre Wahrnehmung** (Gleichgewichtssinn) gibt dem Kind Informationen über die Lage des Körpers im Raum und über die Einwirkungen der Schwerkraft. Das Baby lernt, den Kopf zu heben und sich Schritt für Schritt gegen die Schwerkraft aufzurichten.

Gleichzeitig bekommt es vom vestibulären System Informationen über die Lage seines Körpers im Raum. Es sagt dem Kind z. B., ob sich sein Körper oder der Raum bewegt, oder ob es den Kopf schief hält. Dadurch erfährt es Sicherheit: die Umwelt erscheint ihm stabil und verläßlich.

Wenn eine Mutter während der Schwangerschaft bettlägerig ist, kann es sein, daß das Gleichgewichtsorgan des Kindes, das sich schon pränatal ausbildet, gestört ist. Diese Kinder fallen dadurch auf, daß sie erst spät das Fahrradfahren erlernen. Stelzenlauf ist für sie unmöglich.
Durch das passive Schaukeln des Fötus im Fruchtwasser und durch die sehr bald einsetzenden Eigenbewegungen werden diese Wahrnehmungssysteme schon im Mutterleib einer kontinuierlichen und intensiven Stimulation ausgesetzt und damit in ihrer Entwicklung gefördert. Der nervus vestibularis und der tractus vestibulo-spinalis, der Reflexe des Lage- und Gleichgewichtssinns vermittelt, myelinisiert dabei bereits beim viermonatigen Fötus und kann daher schon zu diesem Zeitpunkt sehr schnell Informationen übertragen. Der sechsmonatige Fötus verfügt sogar über gleich große Rezeptoren des Vestibularapparates wie der Erwachsene (DOERING/DOERING (Hrsg.), 1993, S. 54).

Alle drei Basissinne tragen entscheidend zur Regulierung des Muskeltonus und zur Aufrichtung bei. In Zusammenarbeit mit dem visuellen System entwickelt sich die extraokulare Muskelkontrolle, d. h. die Bewegung der Augen beim Fixieren oder Verfolgen eines Gegenstandes.
Störungen in den drei Basissystemen bilden die Grundlage für alle weiteren Entwicklungsstufen und damit auch für viele im Schulalter auftretende Schwierigkeiten. Ihre Aufdeckung und Beseitigung sind daher für die Therapie von entscheidender Bedeutung.

2.2 Zweite Phase

Die 2. Phase der kindlichen Entwicklung ist erreicht, wenn dem Kind die Steuerung der taktilen, propriozeptiven und vestibulären Wahrnehmung in Grundzügen gelingt. Die Basissinne formen sich noch bis ins Kindergartenalter weiter aus. Diese Phase der Entwicklung steht aber ganz im Zeichen der Koordination der erlernten Einzelfähigkeiten. Reize werden nun gleichzeitig von verschiedenen Wahrnehmungskanälen aufgenommen und gemeinsam ausgewertet. Durch dieses Zusammentragen von taktilen, propriozeptiven und vestibulären Reizen entsteht das Körperschema. Das Kind entwickelt eine Vorstellung von seinem eigenen Körper. Es weiß z. B., wo es berührt worden ist oder in welcher Position sich sein Körper befindet. Es lernt, Bewegungen zu planen und zu lenken, wobei es Einzelbewegungen in eine sinnvolle Reihenfolge bringt und beide Körperhälften miteinander koordiniert (z. B. bei der Überkreuzbewegung beim Krabbeln). Die Aufmerksamkeitsspanne vergrößert sich.

2.3 Dritte Phase

In der 3. Phase gewinnen die Fernsinne (visuelle und auditive Wahrnehmung) an Bedeutung.

Auditive Reize werden mit vestibulären und propriozeptiven Reizen gekoppelt, um zu sprechen und um Sprache zu verstehen. So muß das Kind die Stellung seiner Zunge und seiner Lippen genau spüren und die entsprechenden Muskeln koordinieren, um einen gewünschten Laut zu erzeugen. Um ein Wort richtig zu schreiben, muß das Kind die Lautfolge klar differenzieren können.

Auch die visuelle Wahrnehmung baut auf den vorherigen Ebenen auf: Visuelle Reize müssen mit eigenen Handlungen verbunden werden. So benötigt das Kind zum Eingießen von Saft in ein Glas eine Auge-Hand-Koordination. Gleichzeitig müssen aber auch die Basissysteme funktionieren: Sie sagen ihm, wann es mit den Händen die Flasche berührt, wieviel Kraft es aufwenden muß, in welcher Position sich der Arm befindet, usw. ...

„Es ist nicht ausreichend, die Informationen der Augen mit denen der Hände annähernd zu integrieren, das Gehirn benötigt auch deutliche Informationen von den Schwerkraft- und Bewegungsrezeptoren in unserem Körper, sowie Muskeln und Gelenken und der Haut des gesamten Körpers ... Sobald eine Information von irgendeinem Sinnesorgan gestört ist, leidet das Endprodukt" (AYRES, 1984, S. 92).

2.4 Vierte Phase

Etwa zu Beginn des Schulalters ist die Entwicklung der Wahrnehmung weitestgehend abgeschlossen und die 4. Phase beginnt. Das Kind beherrscht seinen Körper und seine Bewegungen weitestgehend und bezieht daraus Ruhe und Sicherheit. Aus der guten Integration des Nervensystems entwickelt das Kind Selbstvertrauen. Die Hemisphären spezialisieren sich. Die Händigkeit ist auf eine Hand festgelegt. Das Kind ist nun in der Lage, sich von konkreten Handlungen zu lösen und erste abstrakte Denkvorgänge zu leisten. Es beginnt, Lernstrategien zu entwickeln. Es hat alle Voraussetzungen erworben, um Lesen, Schreiben und Rechnen zu lernen. Das Kind ist „schulreif".

Einem Kind mit Störungen in einem oder mehreren der aufgeführten Wahrnehmungsbereiche fehlen Grundvoraussetzungen für die erfolgreiche Bewältigung der 4. Entwicklungsstufe. Lese- und Rechtschreibschwierigkeiten können die Folge sein. Das Kind kann die gesteckten Erwartungen nicht erfüllen, obwohl es sich Mühe gibt. Oft verbringt ein solches Kind viel mehr Zeit mit Hausaufgaben und Nachhilfe als seine Mitschülerinnen und Mitschüler. Die Ergebnisse sind dennoch kläglich: Das Kind erwirbt Einzelfunktionen, kann diese aber nicht auf andere Aufgaben übertragen. Das Kind zweifelt immer mehr an sich selbst: Arbeitsverweigerung, Aggression, Rückzug oder Clownerie sind die Folge. Gleichzeitig fehlt dem Kind die Zeit und Möglichkeit, die fehlenden Erfahrungen nachzuholen.

3. Therapie bei Sensorischen Integrationsstörungen

Voraussetzung für die Therapie ist immer eine genaue Diagnostik. Sie erfolgt in Form von Beobachtungen und von speziellen Tests. Die Therapeutin sollte sich nach Abschluß der Diagnostik ein Bild über die Stärken und Schwächen des Kindes in seinen verschiedenen Lebensbereichen machen können. Wichtig ist es auch festzustellen, welche Probleme das Kind selbst am stärksten belasten.

Bei Verdacht auf Hör- oder Sehschäden sollten diese vor Beginn der Therapie von den entsprechenden Fachärzten abgeklärt und das Kind gegebenenfalls mit einer Hör- oder Sehhilfe versorgt werden.

Die Therapie ist bei Kindern angebracht, deren Sensorische Integrationsfähigkeit des Gehirns noch unzureichend entwickelt ist. Ihr Ziel ist die möglichst optimale Nutzung und Zusammenarbeit aller Sinneskanäle.

Sie setzt immer auf der untersten Entwicklungsstufe an, auf der Störungen vorliegen.

Die normale Entwicklung wird also in den Teilen, in denen sie aus den unterschiedlichsten Gründen noch nicht erfolgen konnte, nachgeholt. Bei vielen Kindern sind schon Störungen in den Basissinnen zu erkennen.

Diese Störungen äußern sich in Über- bzw. Unterempfindlichkeit gegenüber den entsprechenden Reizen.

3.1 Reizüberempfindlichkeit

Ein reizüberempfindliches Kind nimmt alle Reize verstärkt wahr. Betroffen können sowohl die taktile als auch die vestibuläre Wahrnehmung sein.

Ein Kind mit taktiler Überempfindlichkeit erlebt besonders leichte, diffuse und überraschende Berührungen durch andere als unangenehm bedrohlich. Dies kann im Zusammenspiel mit Kindern zu Konflikten führen.

Viele Kinder mit taktiler Überempfindlichkeit spielen gerne ruhige, geordnete Spiele, können gut stillsitzen und stören selten. Fingerfarbe, Kleister oder Wasserspritzer beim Schwimmen sind ihnen ein Greuel.

Oft geht die taktile mit einer vestibulären Überempfindlichkeit einher. Das Kind ist unsicher gegenüber Schwerkrafteinflüssen. Es lebt in ständiger Panik, zu fallen. Daher spielt es lieber am Boden. Große Höhen, unsichere Untergründe, Schaukeln, Karussellfahren und ähnlich starke Gleichgewichtsreize lösen Angst aus und werden daher vermieden.

Durch Training haben viele Kinder es geschafft, einzelne Reize zulassen zu können. Eine Übertragung auf ähnliche Reize ist aber nicht möglich. So kann ein Kind auf der Spielplatzschaukel hin und her schaukeln, gerät aber in Panik, sobald die Schaukel „schief schaukelt" und sich damit die Art der Stimulation ändert.

Überempfindliche Kinder leiden sehr stark unter unangenehmen Reizen. Sie versuchen daher, solche Reize im voraus zu vermeiden. So weicht ein Kind allen Bewegungsspielen aus, da es Angst hat, überraschend berührt (gekitzelt) zu werden, oder es spielt grundsätzlich nicht an Klettergerüsten. Dadurch kann es viele Körper- und Bewegungserfahrungen nicht machen, die für seine Entwicklung notwendig wären.

Vermeidet ein Kind bestimmte Reize, so ist es sinnvoll, an einem anderen Wahrnehmungskanal anzusetzen und Reize aus dem überempfindlichen Bereich Schritt für Schritt zu integrieren. So kann ein Kind z. B. Hautberührungen leichter ertragen, wenn sie mit propriozeptiven Reizen gleichzeitig dargeboten werden und in eine Spielhandlung eingebettet sind.

Katja rief z. B. am Anfang der Therapie bei jeder Berührung: „Das kitzelt!". Es fiel ihr auch schwer, zu beurteilen, welche Berührung mehr oder weniger unangenehm war. Im Spiel war Katja dann ein Auto, welches durch die „Waschstraße" fuhr, einen Parcours, auf dem sie über verschiedene Untergründe krabbelte und gezogen wurde und entsprechend den Abläufen in der Waschstraße mit verschiedenen Materialien (Tennisball, Bürste, Fell, Massage) „gesäubert" wurde. Hier ließ sie die Berührungen gerne zu.

3.2 Reizunterempfindlichkeit

Ganz anders stellt sich ein unterempfindliches Kind dar.

Unterempfindlichkeiten können sowohl taktiler, propriozeptiver als auch vestibulärer Natur sein. Sie können eine oder mehrere Sinnesmodalitäten betreffen.

Die Reize kommen beim Kind nur gedämpft an. Daher ist es ständig auf der Suche nach Reizen, die es deutlich spüren und einordnen kann. Diese Suche nach starken Reizen kann sich z. B. in Spaß an Rangeleien mit Gleichaltrigen äußern. Das Kind wirkt im Kampf nicht zornig, sondern empfindet Freude.

Ein Kind mit einer Unterempfindlichkeit des Hautsinns spürt Reize auf seiner Haut nur diffus. Es kann z. B. nicht sagen, an welchem Teil seines Beines es berührt worden ist. Auch die Feinmotorik ist dadurch beeinflußt: das Kind merkt nicht, wann es etwas berührt, bzw. wie stark es zugreifen muß. So ist sein Druck meist stärker als erforderlich. Wer sich ein Bild von den Gefühlen eines solchen Kindes machen möchte, mag versuchen, einen Tisch komplett zu decken, während er Fellhandschuhe trägt.

Die meisten Kinder haben gleichzeitig eine gestörte Tiefenwahrnehmung, so daß sie Schwierigkeiten haben, ihre Muskelkraft und -bewegung zu steuern. Das Gehirn des Kindes verarbeitet die propriozeptiv-vestibulären Signale nur unzureichend. Daher sucht das Kind nach starken Bewegungsreizen, um seinem Gehirn die erforderliche Nahrung zu bieten. Es ist immer in Bewegung und kann kaum stillsitzen.

Die Bewegungen sind dabei von schlechter Qualität. Das Kind fällt oft hin, stampft beim Laufen wie ein Elefant, kann Bewegungen nur unter Kontrolle der Augen nachahmen. Es hat Probleme, seine Kraft zu dosieren. Feinmotorische Aufgaben meidet es. Um sich dabei überhaupt zu spüren, spannt es seine Muskeln zu stark an. Das Kind braucht schon so viel Energie, um in der richtigen Haltung am Tisch zu sitzen, daß es sich kaum noch auf seine Aufgaben konzentrieren kann.

Beim Karussellfahren, Schaukeln, Drehen und Toben findet das Kind dagegen kein Ende. Hier zeigt es überdurchschnittliche Ausdauer.

Das wahrnehmungsgestörte Kind zeigt selbst, welche Form der Reize es benötigt. Es sucht sich Reize, die ihm angenehm sind und meidet Reize, die sein Gehirn nicht verarbeiten kann. Die Therapie bietet dem Kind genau die Reizqualitäten an, die sein Gehirn braucht. So sollten immer klare, eindeutige Reize vermittelt werden, da das Gehirn diese am leichtesten verarbeiten kann. Ideen der Kinder sollten aufgenommen werden. „Wenn ein Kind eine Stimulation sucht und sich dabei und anschließend wohl fühlt, dann hat diese Stimulation eine organisierende Wirkung auf das Gehirn" (DOERING/DOERING, 1989, S. 78).

In der Intensivmaßnahme 1994 haben wir auf dem Spielplatz eine Rutschbahn aus Schmierseife aufgebaut. Auf Zeltplanen wurde eine Anstreicherfolie gelegt. Jedes Kind bekam ein Schälchen mit flüssiger Schmierseife und durfte ein Stück der Plane damit einschmieren. Später wurde Wasser über die Schmierseife geschüttet. Die Kinder konnten die Schräge des Spielplatzes ausnutzen und über die Folie gleiten und rutschen.

Kinder auf der „Rutschbahn"

Frank verschmierte mit beiden Händen seine Schmierseife auf der Plane und fing sehr schnell an, auch seinen Körper einzuschmieren (die Kinder trugen Badekleidung).

Als die Plane zum Rutschen freigegeben wurde, stürzte Frank sich mit viel Schwung bäuchlings auf die Plane und lachte laut vor Vergnügen über die starken propriozeptiven Reize, die er dabei bekam. Beim Aufstehen glitt er anfangs immer wieder aus, da es ihm schwerfiel, seine Bewegungen dem rutschigen Untergrund anzupassen. Trotzdem probierte er es immer wieder. Frank blieb die ganze Stunde konzentriert bei diesem Spiel und war ganz traurig, als es dann „schon" zu Ende war.

In der anschließenden Unterrichtseinheit fiel ihm das Lesen leichter als sonst, und er konnte sich länger darauf konzentrieren.

3.3 Muskeltonus

Häufig weisen Kinder mit Problemen in der taktil-propriozeptiv-vestibulären Wahrnehmung einen zu hohen oder zu niedrigen Muskeltonus auf. Eine angemessene Grundspannung der Muskulatur ist Voraussetzung für ein planvolles Zusammenspiel der Muskeln. Gerade beim Schreiben ist die Zusammenarbeit verschiedener Muskelgruppen erforderlich.

Ein Kind mit niedrigem Muskeltonus hat zu wenig Muskelspannung. Es hängt schlaff in seinen Bändern, wirkt schwerfällig, bewegt sich langsam und ungeschickt. Es kann z. B. nicht schnell genug reagieren, um einen Ball zu fangen, da es zu lange braucht, um die entsprechende Spannung aufzubauen. Feinmotorische Bewegungen fallen dem Kind schwer. Da es nicht richtig zupacken kann, greift es z. B. einen Stift mit 4 Fingern. Der Druck aufs Papier ist zu gering, die Schrift kaum lesbar und unausgeprägt. Die Hand wird oft nicht aufgelegt, sondern schwebt in der Luft. Dadurch verkrampft die Arm- und Schultermuskulatur.

Ein Kind mit zu hohem Muskeltonus wirkt ständig angespannt, „wie unter Strom". Entspannung ist ihm willentlich kaum möglich. Die Bewegungen wirken abgehackt und starr. Rhythmische Bewegungen oder isolierte Bewegungen einzelner Körperteile (z. B. der Finger beim Schneiden mit der Schere) sind nicht möglich. Beim Schreiben umklammert es den Stift geradezu mit den Fingern. Der Druck ist zu hoch. Das Schreiben mit dem Füller wird zur Qual.

Die unangemessene Grundspannung der Muskulatur, egal ob zu hoch oder zu niedrig, hat beim Schreiben Schmerzen im Arm- und Schulterbereich, schnelle Ermüdung, schlechte Schrift, langsames Schreiben und viele Fehler zur Folge.

Eine Erhöhung des Muskeltonus erreicht man, grob gesagt, durch schnelle Bewegungen (Hüpfen, Trampolinspringen, Klopfmassage, Vibrationen, usw.), eine Verringerung durch Entspannungsübungen und ruhige langsame Bewegungen.

Martin beim Trampolinspringen

3.4 Körperschema

Auch auf allen höheren Ebenen können Störungen auftreten. Ein Kind, dessen Körperschema schlecht ausgebildet ist, hat nur ein diffuses Bild von seinem Körper. Es weiß z. B. nicht, wo seine Füße sich befinden oder hat Schwierigkeiten, Menschen zu malen (setzt die Arme am Kopf an, verzerrt Proportionen oder vergißt Körperteile). Es kann manche Körperteile nicht benennen. Berührungen kann es nicht blind lokalisieren. Viele Kinder brauchen daher die permanente visuelle Kontrolle, um die unzureichende Körperwahrnehmung auszugleichen.

Anja sollte im Nichtschwimmerbecken mit gestreckten Armen das Schwimmbrett halten, um sich dann vom Beckenrand abzustoßen. Als ein Hinweis der Lehrerin kam, auf die Beine zu achten, unterbrach sie ihren Versuch, um sich visuell zu vergewissern, ob ihre Beine gestreckt waren. Sie hat ohne visuelle Kontrolle ein völlig ungeordnetes Bild von ihrem Körper.

Eine Störung des Körperschemas ist häufig verbunden mit einer taktilen Über- oder Unterempfindlichkeit.
In der Therapie erfährt das Kind seinen Körper durch taktile und propriozeptive Reize und durch Lenkung der Aufmerksamkeit auf den eigenen Körper (z. B. durch Abzeichnen des Körperumrisses, Stimulation des Körpers mit verschiedenen Materialien, Druck und Zug an den Gelenken usw.).

3.5 Bewegungsplanung

Eine Störung der Bewegungsplanung (Dyspraxie) äußert sich in der mangelnden Fähigkeit, eine Bewegung zu planen und in einer zeitlich geordneten Reihenfolge von koordinierten Bewegungen auszuführen. Das Kind erscheint ungeschickt, schwerfällig und unkonzentriert. Es hat z. B. Schwierigkeiten, mit Werkzeugen zu hantieren, kann Rhythmen nicht nachklopfen oder die Größe der Buchstaben in einer Reihe nicht konstant halten.

Meist ist gleichzeitig die Körperkoordination betroffen. Ein Kind mit einer gestörten Bilateralintegration hat Schwierigkeiten, mit beiden Armen oder Beinen etwas gleichzeitig oder in gleichmäßigem Wechsel zu machen. Es hüpft z. B. beim Seilchenspringen nicht mit beiden Füßen gleichmäßig. Auch das Schwimmen gelingt oft nicht.

In der Therapie soll das Kind seine beiden Körperhälften als Einheit (Sackhüpfen, Trampolinspringen, Kneten, beidhändiges Werfen,…) im rhythmischen Wechsel erfahren lernen.

Die Kreuzung der Körpermittellinie ist für die Gehirnentwicklung von großer Bedeutung. Kinder mit Schwierigkeiten in diesem Bereich können schlecht seitwärts laufen oder mit den Armen ihre Mitte kreuzen. Sie haben z. B. Probleme beim Malen einer liegenden Acht. Die Händigkeit ist oft noch nicht festgelegt.

Karsten, 2. Schuljahr, vertauscht beim Schreiben Buchstaben oder schreibt sie seitenverkehrt. Beim Seilchenspringen kann er die Arme nicht synchron bewegen und nicht mit beiden Beinen gleichzeitig hüpfen. Beim Schreiben fällt auf, daß er das Blatt so auf dem Tisch verschiebt, daß sein Arm nie seine Körpermitte kreuzen muß.

In der Therapie liegt er z. B. quer in der Hängematte (Kopf in Schaukelrichtung) und fängt und wirft mit beiden Händen einen Schaumstoffball. Er sucht aus auf dem Boden verteilten Buchstaben Wörter zusammen. Hierbei ist darauf zu achten, daß Karsten immer seine Schreibhand benutzt und nicht die dem Buchstaben nähere Hand.

3.6 Lateralität

Ist die Lateralität noch nicht genügend ausgebildet, kann das Kind viele Bewegungen nur bilateral symmetrisch ausführen. Beide Körperhälften müssen sich also gleichzeitig immer mit den gleichen Bewegungsabläufen beschäftigen. Das Kind ballt z. B. beim Schreiben die ruhende Hand zur Faust und spannt den Arm stark an. Auch kann es vorkommen, daß das Kind seine ganze Aufmerksamkeit einer Körperhälfte widmet und die andere nicht mehr beachtet. Die Lateralisation kann gefördert werden durch Gleichgewichtsspiele, Wurfspiele, Rollschuh- oder Pedalofahren, Bewegungsspiele, bei denen die Mittellinie abwechselnd mit beiden Seiten überkreuzt wird, Nachahmen von Positionen usw.

Angela in der Hängematte

3.7 Störungen der visuellen Wahrnehmung

Alle Bereiche der visuellen Wahrnehmung (Figur-Grund-Wahrnehmung, Form-konstanz, Raum-Lage, räumliche Beziehungen) können betroffen sein. Eine Störung zeigt, daß die Beziehung zwischen dem eigenen Körper, seiner Bewegung und dem Raum noch nicht hinreichend erfaßt wird. Daher sollte die Förderung im dreidimensionalen Raum ansetzen und Körper, Raum und visuelle Erfahrungen verbinden (z. B. durch Lösung visueller Aufgaben beim Rollbrettfahren, Wurf-spiele). Es folgen visuelle Aufgaben, wie Puzzeln, Nachbauen von Gegenständen nach Vorlage. Erst als letzter Schritt werden diese Erfahrungen dann auf den zwei-dimensionalen Raum übertragen.

3.8 Auge-Hand Koordination

Ein Kind mit gestörter Auge-Hand Koordination hat Probleme bei der Koppelung der Handmotorik mit visuellen Informationen.
Die Therapie hat das Ziel, dem Kind eine größere Variationsbreite von Bewe-gungshandlungen zu schaffen. Dies kann z. B. erfolgen durch Greif- und Loslaß-übungen (z. B. Greifen von Gegenstanden am Boden aus der Hängematte), Finger-

spiele, Nagelspiele, Mal- und Schreibübungen. Oft ist es sinnvoll, mit grobmotorischen Aktivitäten zu beginnen, da sie den Kindern die feinmotorischen Tätigkeiten erleichtern.

3.9 Zusammenfassung

In der Praxis zeigen die Kinder meist eine Vielzahl der eben aufgeführten Probleme in vielfältiger Kombination.

Die dargestellten Störungen in den einzelnen Bereichen der Entwicklung sind in der Praxis meist nicht so deutlich voneinander abgrenzbar. Ein Kind mit gestörter Auge-Hand-Koordination hat z.B. häufig auch Schwierigkeiten mit der Lateralitätsentwicklung, der Körperkoordination und in den Basissinnen. Die vielfältigen Verbindungen der einzelnen Wahrnehmungskanäle und die Vielfalt der daraus resultierenden Schwierigkeiten konnten hier nur in Auszügen dargestellt werden.

4. Einbeziehung der schulischen Fähigkeiten in die Sensorische Integrationsbehandlung

Häufig wird die Therapie der Sensorischen Integration ohne Bezug zu den schulischen Inhalten durchgeführt. Die Basis für bessere kognitive und schulische Leistungen wird damit geschaffen. Der direkte Transfer des Erlernten bleibt den Kindern überlassen.

Ich halte es gerade bei Kindern mit einer Lese-/Rechtschreibschwäche für dringend erforderlich, schulische Aktivitäten direkt in die Therapie einzubeziehen. Der Transfer der neu erworbenen Erfahrungen auf die schulischen Leistungen gelingt schneller, wenn beim Nachholen jeder Entwicklungsstufe die Spielaufgaben so gestaltet werden, daß schulisch relevante Inhalte einfließen.

Dies hat vor allem zwei Gründe:

1. Viele Lese- und Rechtschreibprobleme sind in einer mangelnden Integration des Gehirns begründet. Durch die taktil-propriozeptiv-vestibuläre Stimulation verbessert sich diese Sensorische Integration und damit die Aufmerksamkeit der Kinder. Diese Zeit, wenn die Kinder locker und entspannt sind und sich in ihrem Körper wohlfühlen, läßt sich gut für kognitive und schulische Übungen nutzen. So war ein 7jähriger Junge nach einer ausgiebigen Schaukelstunde in der Lage, einen ganzen Satz fehlerfrei zu lesen, was ihn selbst so erstaunte, daß er es kaum glauben konnte.

2. Die Motivation, sich mit Buchstaben und Zahlen auseinanderzusetzen, verbessert sich. Gerade Kinder mit Lernschwierigkeiten haben oft in der Schule

schon viele Mißerfolgserlebnisse mit der Welt der Zahlen und Buchstaben gesammelt. Oft haben sie schon ein Vermeidungsverhalten gegenüber schulischen Aufgaben entwickelt. Ihr Zutrauen zu der eigenen Leistung ist gering. Daher ist es wichtig, diesen Kindern in der Therapie einen völlig neuen Zugang zu Buchstaben und Zahlen zu ermöglichen.

Dazu werden Lese- und Schreibaufgaben in spielerischer Form in die Therapie einbezogen. Sie werden mit Wahrnehmungsaufgaben gekoppelt. So kann ich z. B. ein Kind aus einer Kiste mit Sand Gegenstände, aber auch Buchstaben heraussuchen und ertasten lassen. Beides fördert die taktile Wahrnehmung. Die Motivation, aus den gefundenen Buchstaben ein Wort zusammenzusetzen, ist groß.

Auch dabei gilt es wieder, die Defizite der normalen Entwicklung von Grund auf nachzuholen. Das bedeutet: Wenn ein Kind unharmonisch schreibt, helfen in den seltensten Fällen Schreibübungen. Hier müssen zunächst feinmotorische Voraussetzungen geschaffen werden wie z. B. Knetübungen, Bauen mit dem Metallbaukasten, Spielen mit Holzstäbchen usw.

Je stärker es der Therapeutin gelingt, Schreib- und Leseübungen in die Therapie einzubeziehen, desto begeisterter nehmen die Kinder auch diese Aufgaben an. Der Kreativität sind dabei keine Grenzen gesetzt.

5. Folgerung für die schulische Förderung

Eine wesentliche Grundlage für jede Therapie ist der Aufbau einer vertrauensvollen und tragfähigen Beziehung zwischen Kind und Therapeutin. Nur wenn das Kind das Gefühl hat, so angenommen zu werden, wie es ist, kann es sich der Herausforderung der Therapie stellen.

Dabei gehe ich von dem Prinzip der Ganzheitlichkeit aus: Der Mensch ist eine Einheit aus Geist, Körper und Seele, der mit seiner Umwelt in ständiger Wechselwirkung steht.

Das bedeutet, daß ich das Kind als Ganzes in der Therapie berücksichtige, nicht etwa nur seine Schulprobleme und Defizite. Es ist notwendig, das Kind „da abzuholen, wo es steht", d. h. an den Stärken des Kindes anzusetzen. Damit bekommt das Kind das Selbstvertrauen, das es braucht, um sich mit neuen Reizen und Anforderungen auseinanderzusetzen und neue Erfahrungen zu machen.

Dabei sind drei wichtige Variablen für erfolgreiches Lernen beim Kind zu berücksichtigen:
– die momentanen Bedürfnisse des Kindes,
– Neugier und Motivation,
– Kreativität.

5.1 Momentane Bedürfnisse des Kindes

Die Lernfähigkeit jedes Menschen ist stark von seinem augenblicklichen psychischen und körperlichen Befinden abhängig. Dieses ändert sich ständig. So kann ein Kind, welches in der letzten Stunde begeistert über einen Rollbrettparcours gefahren ist, beim nächstenmal keinerlei Lust dazu verspüren. Gerade wenn wir viel Zeit in die Planung der Stunde investiert haben, fassen wir diese Reaktion schnell als persönlichen Angriff des Kindes auf. Das Kind zeigt uns dagegen nur seine momentanen Bedürfnisse. Daher ist es sinnvoll, jedes einzelne Kind genau zu beobachten und die Aufgaben jederzeit flexibel an die Bedürfnisse des Kindes anzupassen.

5.2 Neugier und Motivation

Jeder Mensch hat eine natürliche Neugier, die ihn dazu bringt, die Welt zu entdecken. Diese Neugier bringt das Baby dazu, immer neue Erfahrungen zu machen, sich immer weiter in die Umwelt vorzuwagen und sich dadurch zu entwickeln. Lernzuwachs ohne Neugier ist kaum möglich.

Viele Kinder mit Lernschwierigkeiten haben schlechte Vorerfahrungen gemacht, Neues auzuprobieren, so daß sie kaum noch spontanes Neugierverhalten zeigen. Dies trifft besonders auch auf überempfindliche Kinder zu. Diese neigen dazu, gerade die Übungen zu meiden, die für ihre Entwicklung wichtig wären.

Diese Kinder benötigen in der Therapie einen Schonraum, der ihnen genügend Sicherheit gibt, um ihrer Neugier, die durchaus immer da ist, nachzugehen. Die Spielangebote müssen für das Kind so spannend sein, daß es seine Vorbehalte vergessen kann. Daher sollten möglichst alle Aufgaben in Spielhandlungen eingebettet sein.

Jan verweigerte am Anfang des 2. Schuljahres das Schreiben und Lesen, da er Angst hatte, Fehler zu machen.

Er fand es aber selbstverständlich, bei dem Spiel „Pizza backen" einen Einkaufszettel zu schreiben. Es wurde nun das Spiel „Pizza backen" gespielt, bei dem ein Kind der Teig ist, der geknetet und ausgerollt werden muß und dann mit verschiedenen Zutaten belegt wird (verschiedene Arten der Massage mit und ohne Materialien).

Jan schrieb ganz selbstverständlich einen Einkaufszettel mit den Zutaten für seine Pizza und bemühte sich auch, den Zettel des anderen Kindes zu lesen, als er selbst der Pizza-Bäcker war.

Neugier und Motivation stellen ein wichtiges Instrument der Therapie dar. Allgemein gilt: Nur was ich gerne lerne, kann ich auch gut behalten. Angst und Leistungdruck sind „Motivationskiller" und haben daher in der Therapie keinen Platz.

5.3 Kreativität und Phantasie

Ein Kind, das motiviert an einem Spiel teilnimmt, hat auch meist viele eigene Ideen zur weiteren Gestaltung des Spielverlaufs. Diese Ideen spiegeln die momentanen Bedürfnisse des Kindes wider und sind daher für die Therapie wichtig. Sie sollten ins Spiel integriert und von den Kindern selbst umgesetzt werden. Das Kind fühlt sich dadurch angenommen und stärkt sein Selbstbewußtsein.

Die Stunde begann mit dem Flugzeugspiel. Hierbei werden die Kinder auf einer Decke durch den Raum gezogen (fliegen) und landen nacheinander in verschiedenen Ländern, in denen man sich jeweils nur auf eine bestimmte Art fortbewegt (hoppeln wie die Hasen im Hasenland; schleichen wie die Indianer usw.).
Beim Flug in ein neues Land kam ein Kind auf die Idee, daß das Flugzeug zwischendurch kaputtgeht. Nach einer Notlandung, bei der die Kinder auf der Decke kräftig geschüttelt wurden, mußte ein Mechaniker (Kind) kommen. Dieser prüfte durch Schütteln der einzelnen Körperteile der „Flugzeugkinder", was genau kaputt war und reparierte es, indem er mit dem Igelball darüberrollte.
Die Kinder hatten ein Bedürfnis nach direkter taktiler und propriozeptiver Stimulation, welches sie in diesem Spiel befriedigen konnten.

6. Schlußbemerkung

Nicht jedes Kind mit einer Lese- und Rechtschreibschwäche hat auch eine Sensorische Integrationsstörung. Ebensowenig bekommt jedes Kind mit einer Sensorischen Integrationsstörung auch automatisch eine Lese- und Rechtschreibschwäche. Daher ist auch nicht bei jedem betroffenen Kind eine Sensorische Integrationstherapie angebracht.
Jedes Kind hat seine eigene Art zu lernen und neue Erfahrungen ins Gehirn zu integrieren. Die Sinne, die dabei vorrangig eingesetzt werden, sind von Kind zu Kind unterschiedlich. Durch das Lernen mit allen Sinnen wird vielen Kindern ein neuer Zugang zum Lesen, Schreiben und Rechnen geboten.

7. Literatur

AYRES, J: Bausteine der kindlichen Entwicklung, Berlin, Heidelberg, New York, Tokyo 1984
BRAND, I./BREITENBACH, E./MAISEL, V: Integrationsstörungen – Diagnose und Therapie im Erstunterricht, Würzburg 1985
BRUNSTING/KELLER/STEPPACHER (Hrsg.): Teilleistungsschwächen – Prävention und Therapie, Luzern 1990
DOERING/DOERING: Bewegen und Denken – Sensorische Integrationsbehandlung; In: Praxis der Psychomotorik, Schorndorf 1/1989
DOERING/DOERING (Hrsg.); Sensorische Integration, Dortmund 1993
PAULI, S./KISCH, H.: Was ist los mit meinem Kind? Bewegungsauffälligkeiten bei Kindern, Ravensburg 1992

5. Psychomotorische Übungsbeispiele für Kinder mit Lernschwierigkeiten

Marianne Brinkmann

1. Definition

Erstmals wurde 1909 in Frankreich der Begriff „Psychomotorik" von E. Dupré definiert.

Dupré sah die Zusammenhänge bestimmter geistiger und entsprechender motorischer Störungen. Nach den Pionierarbeiten von Wallon und Guilmain wurde seit 1947 die psychomotorische Erziehung federführend unter De Ajuriaguerra in der Kinderpsychiatrie entwickelt und angewandt.

Kiphard entwickelte in den 50er Jahren in der BRD therapeutische Möglichkeiten einer auch psychisch wirksamen Bewegungstherapie. Daraus entstand die sogenannte psychomotorische Übungsbehandlung, aus der sich später die Motopädagogik, Motopädie und Mototherapie als spezielle Ausbildungsgänge für Bewegungsfachleute entwickelt haben. Kiphard stellte mit dem Begriff „Psychomotorik" den engen Kontakt zwischen der psychischen und motorischen Entwicklung heraus. Er beschrieb, daß Seelisches und Körperliches in so einer engen Wechselbeziehung zueinander stehen, daß man sie als zwei Seiten eines einzigen Geschehens ansehen muß.

Seelische Anteile wie Stimmung, Gefühl und Affekt drücken sich in Haltung und Bewegung aus. Die Psychomotorik betont jedoch nicht nur Aspekte der Gefühlsbefindlichkeit während einer Bewegung bzw. Bewegungssituation, sondern enthält immer auch kognitive Anteile, je nachdem, wie stark die Bewegungssituation oder -aufgabe dem Kind eine Problemlösung abverlangt.

Dazu kommt, daß eine wesentliche Rolle die verbale Reflexion des motorischen Handelns und Erlebens spielt. Hierbei werden die verfügbaren sensomotorischen, motorischen, emotionalen, kognitiven und sozialen Fähigkeiten und Fertigkeiten gefordert.

Der Begriff „Psychomotorik" kennzeichnet also die Einheit psychischer Vorgänge, die enge Verknüpfung des Geistig-Seelischen mit dem Körperlich-Motorischen.

2. Zur Situation der Psychomotorik in Grundschulen

Bereits Anfang der 70iger Jahre macht KIPHARD in seinem bahnbrechenden Buch „Bewegungs- und Koordinationsschwächen im Grundschulalter" (1970) auf die Zunahme von Kindern mit Haltungsschwächen, vor allen Dingen auch mit Koordinationsstörungen, aufmerksam (vgl. auch die Zahlen auf Seite 11). Für diese Kinder steht heute von schulischer Seite der Sportförderunterricht (ehemals Schulsonderturnen) zur Verfügung. Kinder, die bei den Einschulungsuntersuchungen vom Schularzt für den Sportförderunterricht vorgesehen werden, haben ein Anrecht darauf, daß ihnen dieser Unterricht auch gewährt wird.

Doch in vielen Fällen kann die Grundschule diesem Auftrag nicht gerecht werden. Es fehlen die ausgebildeten Lehrer, der Unterricht muß im Nachmittagsbereich erteilt werden. Ist ein Lehrer krank, fällt oft der Sportförderunterricht aus, da ja nicht eine ganze Klasse, sondern nur wenige Kinder, die man stundenplanmäßig gut verteilen kann, betroffen sind. So ist es nicht verwunderlich, daß auch von schulischer Seite nach Alternativen gesucht wird, die vor Jahren in der Beschaffung von ABM-Stellen für Motopäden lagen (vgl. RINGBECK / ROTH, 1993, S.40) oder in dem Einsatz von Motopäden auf Honorarbasis. Auch gründen sich Fördervereine für Psychomotorik, die den Unterricht im nachmittäglichen Bereich anbieten und mittlerweile lange Wartezeiten zu verzeichnen haben. Somit wird die Bedeutung der Psychomotorik wohl erkannt. Es kann jedoch zur Zeit noch lange nicht von einer ausreichenden Versorgung aller betroffenen Kinder gesprochen werden. Deshalb sind die einzelnen Grundschullehrer gut beraten, wenn sie sich selber kundig machen (z. B. durch Fortbildung in der Psychomotorik) oder durch Literatur, die am Ende des Artikels aufgeführt wird.

In diesem Beitrag sollen nach einer kurzen Einführung in die Förderbereiche kleine Hilfestellungen angeboten werden. Es wird außerdem noch einmal darauf hingewiesen, daß viele psychomotorische Übungselemente in den „normalen" Schulalltag zu integrieren sind durch

- „Einbeziehung von Bewegung in Teilen des Unterrichts im Klassenraum (tägliche Bewegungszeiten)
- Veränderung von Innenbereichen zu Bewegungsräumen
- Pausenhofgestaltung
- erweiterte Inhalte des Sportunterrichts
- Schule als Lebensraum, Einbeziehung von Elternaktivitäten, Feste und Feiern etc." (MIEDZINSKI, 1994, S. 89).

3. Inhalte psychomotorischer Übungsbehandlung

In den zurückliegenden Jahren haben sich die folgenden drei Schwerpunkte für eine umfassende Förderung innerhalb einer psychomotorischen Übungsbehandlung herauskristallisiert:

3.1 Körpererfahrung – Ich-Kompetenz

Das Kind baut seine Identität in erster Linie über den eigenen Körper auf, d. h., daß Körpererfahrung zu einem Bild von sich selbst, seinem Aussehen und den eigenen Fähigkeiten und dem Leistungsvermögen führen.

Diese Erfahrungen haben auf das Selbstvertrauen und das Selbstwertgefühl Auswirkungen. So können sowohl die Persönlichkeitsentwicklung des Kindes als auch die schulische Leistungsbereitschaft mit beeinflußt werden. In der Psychomotorik ist es ganz besonders wichtig zu berücksichtigen, daß schwache Schüler, die im regulären Sportunterricht selten bzw. nie positive Erfahrungen ihres Könnens machen, die Möglichkeit bekommen, durch eigene Körpererfahrung ohne Leistungsdruck und Negativvergleiche ihr Selbstwertgefühl aufbauen, stabilisieren und ihre Leistungsschwäche abbauen bzw. ausgleichen können.

3.2 Materialerfahrung – Sach-Kompetenz

Das Kind soll lernen, sich durch selbständige Handlungskompetenz mit den materiellen Gegebenheiten der Umwelt auseinanderzusetzen. Es lernt, sich an die dingliche Umwelt mit ihren Materialien, Geräten und Hindernissen anzupassen.

Das Kind nimmt seine Umwelt über die Wahrnehmung – d. h. über seine Sinne und über die Bewegung, also über die Tätigkeit des Körpers – wahr.

Es lernt, mit Hilfe dieser Erfahrungen die Zusammenhänge von Ursache und Wirkung kennen und verstehen. Grundlegende Erkenntnisse von der Wechselwirkung von Gleichgewicht und Schwerkraft kann das Kind zum Beispiel durch die Bewegungstätigkeit von Schaukeln, Wippen, Balancieren und Rutschen erfahren. Dazu benötigt es natürlich eine Vielfalt von anregendem Übungsmaterial und Übungsfeldern, um die Möglichkeit des Ausprobierens ohne Zeit- und Leistungsdruck zu erhalten.

3.3 Sozialerfahrung – Sozial-Kompetenz

Soziale Wahrnehmungen werden über den Körper und die Bewegung vermittelt. Die wesentliche Verständigungsform, über die das Kind mit anderen Kontakt aufnimmt und sich mitteilt, läuft über die Bewegung ab. Bei der Ausführung von Bewegungsspielen bekommt das Kind Gelegenheit, Erfahrungen des Mit- und Gegeneinanders, des Akzeptierens oder auch Abgelehntwerdens zu sammeln.

Im Rahmen der Psychomotorik wird auch versucht, die soziale Entwicklung in den verschiedenen Bewegungssituationen zu nutzen, um entstandene Konflikte des Miteinanders zu lösen, d. h. besonders schwächere Kinder zu integrieren und positive Sozialkontakte zu unterstützen. So bekommt das Kind die Möglichkeit, sich in Bewegungsspielen anderen anzupassen, dabei aber auch im Umgang mit anderen eigene Bedürfnisse durchzusetzen.

4. Auswahl an Materialien und Übungen für die psychomotorische Förderung

Diese drei Kompetenzebenen sind gerade für die Förderung lese- und rechtschreibschwacher sowie rechenschwacher Schüler von enormer Bedeutung. Das Erreichen dieser Ebenen wird u. a. mit Hilfe der folgenden Materialien gewährleistet:

In jede Turnhalle gehören neben der selbstverständlichen Grundausstattung wie Bälle, Seile, Stäbe, Reifen und Großgeräte, kleine und große Kästen, Turnmatten, Weichböden, Barren, Ringe und Taue zum Befestigen von Schaukeln, Bänken, Sprungbrettern noch folgende Geräte und Materialien:

Rollbretter	Schaumstoffwürfel und Bausteine
Pedalo bzw. Doppelpedalo	Sandsäckchen
Schwungtuch	Hockeyschläger und Puck
Fußlabyrinth	Kriechtunnel, Pezzibälle
Teppichfliesen	

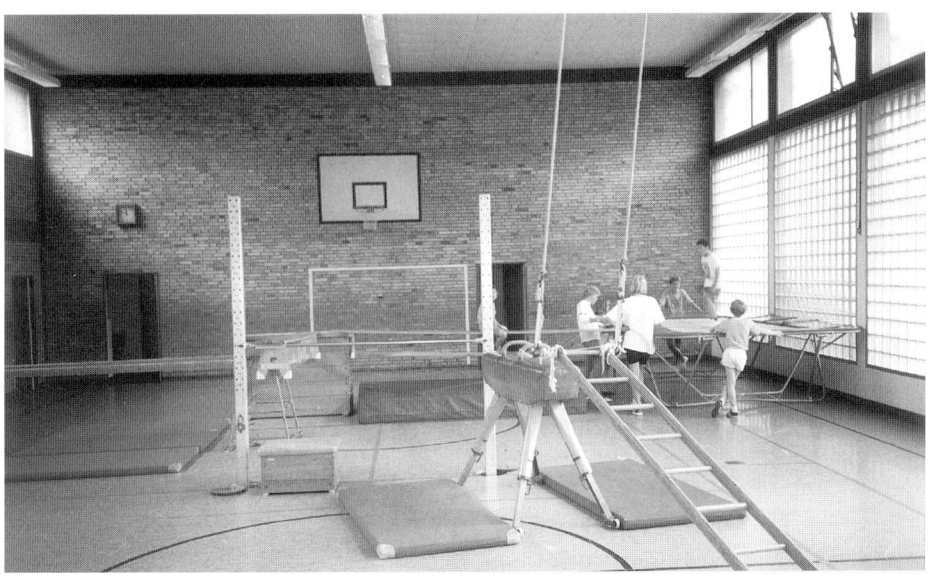

Bewegungslandschaft in der Turnhalle

In den Intensivmaßnahmen nutzten wir die täglich eingeplante Hallenzeit, um den Kindern Freiräume zu schaffen, Wahrnehmungs- und Bewegungserfahrungen zu machen. Verschiedene Materialien und Übungen sollten die Kinder zum Spielen anregen, spontane Bewegungsaktionen herauslocken, Freude und Erfolge vermitteln und somit wiederum zum Lernen motivieren. Bewegungs- und Wahrnehmungserfahrungen mit und ohne Material eignen sich, Fähigkeiten und Fertigkeiten auszubilden, die die Kinder brauchen, um den stetig steigenden Anforderungen gewachsen zu sein.

Im folgenden sind einige Übungsmöglichkeiten aufgelistet, die zum Repertoire unserer Intensivmaßnahmen gehören, die sich aber auch in den täglichen Unterricht gut integrieren lassen.

4.1 Übungen zur Körperwahrnehmung und zur Körperhaltung

– Die Kinder gehen durch den Raum und probieren neben Tempowechsel verschiedene Gehmöglichkeiten aus (z. B. schleichen, stampfen, trippeln, schlendern, torkeln) und beobachten ihren Körper bzw. die veränderten Körperhaltungen bei sich und den anderen Kindern.
– Zu zweit bilden Kinder „Spiegelbilder": Ein Kind stellt das Spiegelbild des anderen dar. Hierbei sollen die Positionen nicht schnell gewechselt werden, damit genügend Zeit zur Beobachtung bleibt.
– Modell formen: Ein Kind „formt" den Partner zu einem bestimmten Modell, z. B. der Kranke, der Gewinner, der Verlierer. Was muß an der Körperhaltung verändert werden, damit die Aufgabenstellung gelöst wird?

4.2 Übungen zum Körperschema

– Ein Kind liegt in der Rückenlage, der Partner legt mit Seilen die Umrisse des Liegenden, der anschließend aufsteht und sein Abbild betrachtet. Erkennt er sich wieder?
– Jedes Kind versucht aus dem Gedächtnis bzw. Körpergefühl heraus, seinen Körperumriß mit Seilen zu legen. Stimmen die Relationen?
– Ein Kind sitzt am Boden, vor sich ein Seil. Der Partner zeichnet mit dem Finger eine Figur (z. B. Zahl/Buchstabe) auf den Rücken des Sitzenden. Dieser legt die erspürte Figur mit dem Seil auf dem Boden nach.
– Ein Kind wählt eine Körperposition am Boden und wird mit einem Tuch abgedeckt; der Partner versucht, durch Abtasten die Position zu erfühlen und sie anschließend selbst einzunehmen.
– Zwei Kinder versuchen auf Zuruf, sich mit zwei genannten Körperteilen (z. B. Rücken an Rücken, Fuß am Knie, Hand an der Nase) zu berühren.

4.3 Übungen zur Raumerfahrung

Für viele Kinder ist es wichtig, sich im Raum zurechtzufinden, ihn abschätzen zu können, Entfernungen richtig einordnen zu können und die Rechts-Links-Orientierung zu stabilisieren; dazu schult sie die auditive und optische Wahrnehmung.

– Die Kinder gehen durch den Raum und versuchen, bestimmte Raummaße zu begrenzen, z. B.: Wie lang ist eine lange Seite der Halle? Nehmt euren eigenen Körper als Maßstab = große Schritte, Fußlänge, Armbreite.
– Die Kinder gehen durch den Raum, ohne sich zu berühren.
– Die Kinder gehen mit geschlossenen Augen durch den Raum und versuchen, einer Geräuschquelle zu folgen (Pfeife, Klangholz, Handtrommel etc.).
– „Roboterspiel" – ein Kind ist der Roboter, der durch Berühren des Partners Bewegungsaufforderungen bekommt, z. B. Tippen auf die rechte Schulter = ¼ Drehung nach rechts und gegengleich.
– Der Roboter hat die Augen verbunden.
– Erschwerend werden Geräte in der Halle aufgestellt, z. B. Bänke, Kästen, Matten etc. Der „Roboter" wird um die Geräte geführt.

5. Übungsbeispiele mit verschiedenen Materialien

5.1 Übungen mit dem Rollbrett

Dieses Gerät ist besonders geeignet, vestibulär die Kinder zu stimulieren, das Gleichgewicht zu schulen und grobmotorische Aktivitäten und Gesamtkörperkoordination zu stabilisieren; viele Spielformen mit diesem Gerät fördern die soziale Integration.

Kinder beim
„Krabbenspiel"

- Jedes Kind probiert, sich in verschiedenen Körperpositionen fortzubewegen (Bauch-, Rückenlage, hoher Kniestand, Sitz).
- Zu zweit: Ein Kind nimmt eine Position auf dem Rollbrett ein und wird vom Partner mit einem Seil durch die Halle gezogen (alle Körperpositionen ausprobieren!).
- Ein Kind liegt mit geschlossenen bzw. verbundenen Augen in der Bauchlage auf dem Rollbrett; der Partner gibt Anweisungen (geradeaus – rechts – links – Stop), um den Liegenden durch die Halle zu begleiten.
- Wie vor, jedoch mit vielen Hindernissen in der Halle.
- Ein oder mehrere Kinder bauen sich mit Hilfe des Rollbrettes ein Fahrzeug (kleine Kasten umgekehrt auf das Rollbrett stellen, großes Kastenoberteil, Langbau für kleine oder große Platten).
- Ein beliebtes Spiel ist das „Krabben-Spiel": Je zwei Kinder versuchen, sich auf einem Rollbrett so einzurichten, daß sie mit einem Kissen bewaffnet andere Krabben treffen bzw. sich schnell fortbewegen können.

5.2 Übungen mit dem Pedalo

Dieses Gerät schult das Gleichgewicht, regt das Vestibulärsystem an und fordert neben der Grob- und Feinmotorik die Auge-Hand-Koordination.

Daniel und Mark fahren auf dem Doppelpedalo

- Jedes Kind versucht, sich mit dem Pedalo vorwärts zu bewegen (evtl. mit Hilfe, z. B. Helfer oder Stäbe).
- Das Kind kniet auf dem Pedalo und stützt die Hände auf dem Boden ab.
- Das Kind liegt bäuchlings auf dem Rollbrett, die Hände betätigen das Pedalo.
- Während das Kind auf dem Pedalo vorwärts fährt, wird ihm ein Ball zugeworfen.
- Das Kind versucht, unter einer gespannten Schnur herzufahren bzw. über kleine Hindernisse zu fahren.
- Mit dem Doppelpedalo Busfahren: ein Kind ist der Busfahrer, der an bestimmten Haltestellen Fahrgäste ein- und aussteigen läßt.
- Ein oder mehrere Kinder probieren verschiedene Körperpositionen aus: Kniestand, Hocke, vor- und rückwärts, Kleidungsstücke an- und ausziehen.
- Während der Fahrt Bälle zuspielen, Bälle prellen oder andere Gegenstände jonglieren.

5.3 Übungen mit dem Schwungtuch

Gerade das Schwungtuch bietet viele Möglichkeiten, soziale Aktivität zu fordern, Absprachen zu treffen und zu lernen, diese auch einzuhalten. Diese Übungsformen erfordern eine gute Wahrnehmung und schulen das Gleichgewicht.

Die Kinder bauen ein „Zauberhaus"

- Besonders viel Freude macht den Kindern das Zauberhaus: alle Kinder stehen um das Schwungtuch verteilt, fassen die Griffleiste und schwingen gemeinsam das Tuch nach oben. Hat das Tuch den höchsten Punkt erreicht, laufen alle Kinder einige Schritte in die Mitte, so daß sie das Tuch mit beiden Händen über den Kopf hinter ihren Rücken ziehen können, um sich darauf zu setzen. So entsteht ein Haus (Zelt), in dem Kinder sich wohlfühlen. Die gemeinsame Zeit in diesem „Zauberhaus" wird genutzt, um z. B. neue Übungen zu erklären oder Vorschläge der Kinder aufzunehmen.
- Das Tuch wird von der Gruppe geschwungen, jedes Kind erhält eine Zahl und wechselt beim Zugreifen den Platz (erst den Weg festlegen, dann frei suchen lassen).
- Mehrere Kinder liegen in der Rückenlage unter dem Tuch und lassen sich vom schwingenden Tuch verwöhnen.
- Mehrere Kinder sitzen auf dem Tuch und lassen Ebbe und Flut (große und kleine Wellenbewegungen) auf sich wirken.
- Katz und Maus – ein Kind = Maus, versteckt sich unter dem Tuch, die Gruppe unterstützt es durch unterschiedliche Wellenbewegungen. Die Katze kommt auf das Tuch und versucht, die Maus zu fangen.
- Ein oder mehrere Bälle werden auf dem Tuch hin und her gerollt, ohne daß sie herunterrollen.
- Ein Ball fängt einen anderen Ball (mit gleichen oder unterschiedlichen Ballmaterialien bzw. Ballgröße).

6. Übungen mit Materialien aus der Turnhalle in einer Bewegungslandschaft

Die BEWEGUNGSLANDSCHAFT in der Turnhalle, aus Groß- und Kleingeräten aufgebaut, ermöglicht den Kindern ein Ausprobieren ihres eigenen Leistungsvermögens. Aktive Bewegungsaufgaben wie Balancieren über stabile und labile Geräte, Schaukeln, Rollen, Rutschen, Klettern und Schwingen stimulieren die sensomotorischen und motorischen Fähigkeiten. Durch Selbsttätigkeit und Eigeninitiative, freiwillig und zwanglos, d. h. ohne Zeit- und Erfolgsdruck, erproben die Kinder die verschiedenen Wahlmöglichkeiten. In der Margaretenschule hat es sich bewährt, daß vor dem Unterricht eine Bewegungslandschaft aufgebaut wird, die während eines Vormittags allen Kindern zur Verfügung steht.

6.1 Der Kletterberg

Material:
große Sprossenwand
1 Barren
2 Weichböden
4 Sprungseile
1 langes Tau

Aufbau:
Die herausgezogene Sprossenwand wird nicht verankert, sondern als Schräge durch den Barren stabilisiert. Der Weichboden wird hochkant davorgelegt, rechts und links mit den Sprungseilen an der Sprossenwand befestigt; das lange Tau wird an eine obere freie Sprosse gehängt. Weichboden vor den Kletterberg legen.

6.2 Das Piratenschiff

Material:
1 Mini-Trampolin (Beine eingeklappt)
2 Paar Ringe
6 Sprungseile

Aufbau:
Das Mini-Trampolin wird mit festgebundenen, eingeklappten Seiten an den vier Ringen jeweils an einer Ecke befestigt.

6.3 Schiefe Ebene

Material:
große Sprossenwand
3 Bänke
1 Weichboden
3 Turnmatten
4 Sprungseile

Aufbau:
Große Sprossenwand heranziehen und befestigen, drei Bänke nebeneinander einhängen, Weichboden auf die Bänke legen und mit Seilen befestigen, die Turnmatten davorlegen.

6.4 Der Sprungberg

Material:
3 Kästen (alternativ Barren)
1 Minitrampolin
2 Weichböden
Sprungseile
1 Bank

Aufbau:
Drei Kästen werden nebeneinandergestellt, so daß die Gesamtoberfläche etwas kleiner ist als die des Weichbodens, diesen darauflegen und mit Seilen befestigen; Minitrampolin davor, Weichboden dahinter; der Anlauf erfolgt über eine Bank, die vor das Minitrampolin gestellt wird.

6.5. Die Schaukelbank

Material:
6 Taue
1 Bank
Sprungseile

Aufbau:
Sechs Taue herausziehen; eine Bank so einhängen, daß jeweils mit zwei Tauen ein Knoten unter der Bank gemacht werden kann; die Knoten mit Sprungseilen nochmals sichern.

6.6 Balancier- und Kletterbahn

Material:
1 Reck
Bänke
kleine und große Kästen
Barren
Rutschbretter
Leiter

Aufbau:
Reck aufbauen, Höhe identisch mit großem Kasten; eine Bank einhängen, das andere Ende auf einen Kasten legen, beliebig viele Bänke von dort als schiefe Ebene zu einem Barren weiterbauen, Leiter an den Barren hängen; kleine Kästen als Auf- oder Abstieg mit einplanen.

Kinder auf der Kletterbahn

6.7 Rollbrettunnel

Material:
2 Bänke oder
6 kleine Kästen
1 Fallschirm

Aufbau:
Die Bänke parallel zueinander stellen (Abstand etwas mehr als die Breite eines Rollbrettes), einen Fallschirm darüberbreiten.

6.8 Wippe

Material:
1 Bank
1 Kastenoberteil oder
1 kleiner Kasten
2 Turnmatten

Aufbau:
Auf das Kastenoberteil wird eine umgedrehte Bank gelegt, so daß eine Wippe entsteht; unter jedes Bankende wird eine Turnmatte gelegt.

6.9 Wackelleiter

Material:
1 Leiter
4 Sprungseile
1 Paar Ringe
1 großer Kasten oder
1 Rutschbrett

Aufbau:
Eine Leiter wird in Trapezschaukel gehängt und mit Sprungseilen festgebunden. Die Schaukel wird je nach Vermögen des Kindes hin- und herbewegt, wenn sich das Kind auf der Wackelleiter befindet.

7. Literatur

BEUDELS, W. u. a.: ... das ist für mich ein Kinderspiel, Dortmund 1994

EGGERT, D. u. a.: Theorie und Praxis der psychomotorischen Förderung – Arbeitsbuch, Dortmund 1994

KIPHARD, E.: Bewegungs- und Koordinationsschwächen im Grundschulalter, Schorndorf 1970

LIEBRICH, K. / SCHUBERT, H.: Auf den Schwingen der Bewegung und Phantasie, Donauwörth 1994

MERTENS, K.: Lernprogramm zur Wahrnehmungsförderung, Dortmund 1983

MIEDZINSKI, K.: Spiel und Bewegung – Hilfen für das hyperkinetische Kind. In: CZERWENKA, K. (Hrsg.): Das hyperaktive Kind, Weinheim 1994

RINGBECK, B. / ROTH, I.: Förderung bewegungsauffälliger Kinder im Grundschulbereich. In: Grundschulzeitschrift, Heft 70, 1993

ZIMMER, R. / CIRCUS, H.: Psychomotorik, Schorndorf 1987

6. Haptisches Lernen zur Förderung lese- und rechtschreibschwacher Kinder

ANKE TALMEIER

0. Problemaufriß

Eine Förderung von lese- und rechtschreibschwachen Kindern läßt sich weder operationalisieren noch in einem Trainingsprogramm erfassen. Das gilt um so mehr für die Intensivmaßnahmen mit einer ganzheitlichen, erlebnis- und insbesondere persönlichkeitsorientierten Förderung.

Neben grobmotorischen Bewegungsleistungen kommt dem Hand- und Fingergeschick höchste Priorität zu: greifen, tasten, fühlen, anspannen, lockern, zeigen, drehen, klopfen und zuletzt auch schreiben. Die Hand dient, wie der Name schon andeutet, dem Handeln, dem haptischen Umgang mit pragmatischen Dingen in der Welt. Im Laufe der Kindheit bilden sich die verschiedensten manuellen Fähigkeiten aus, die als Voraussetzung angesehen werden, um eine derart komplexe, feinmotorische Übung, wie sie das Schreiben darstellt, auszuführen.

Inwieweit greifen jedoch feinmotorische Schwierigkeiten und Störungen in den Lese- und Rechtschreibprozeß ein?

Im folgenden werde ich versuchen, unsere Beobachtungen darzulegen und verschiedene Übungen zu beschreiben. Unsere Beobachtungen können kategorisiert werden in manuelle Bewegungsstörungen und in Schreibbewegungsstörungen.

1. Manuelle Bewegungsstörungen

Konzentriert man sich zunächst auf die rein motorische Funktionalität der Hand, gliedert sich die Handgeschicklichkeit in die Kraft (Bewegungsgenauigkeit), Beweglichkeit und Geschwindigkeit.

Die visuell-abhängige Funktion tritt bei der Bewegungsgenauigkeit auf.

Die manuelle Ungeschicklichkeit konnte beobachtet werden bei der

– **Fingerbeweglichkeit**: Manche Schüler zeigten auffallende Fingersteifheit, z. B. bei Fingerspielen.
– **Hand- und Fingerkraft**: Einige Schüler waren nicht in der Lage, einen weichen Schaumgummiball zusammenzudrücken.

- **Handgelenksbeweglichkeit**: Auffälligkeiten kamen hier beim Trommeln zum Vorschein, da die Gelenke der Kinder verkrampft und steif waren.
- **Zielgenauigkeit**: Die Bewegungsungenauigkeit ließ sich nicht nur beim Greifen von Gegenständen beobachten, sondern auch beim Tippen auf der Tastatur beim Computer.
- **Kraftdosierung**: Viele Schüler hatten Schwierigkeiten, ihren Krafteinsatz zu dosieren, z. B. beim Greifen von Watte oder Steinen. Auffälligkeiten waren beim individuellen Schreibdruck zu beobachten.
- **Berührungssensibilität**: Gestörte Tastempfindungen wurden besonders bei „blinden" Spielen sichtbar, bei denen Kinder mit geschlossenen Augen z. B. eine Jacke zuknöpfen sollten.
- **Daumen- und Finger-Koordination**: Beachtliche Probleme hatten manche Kinder mit dem Schneiden, Knoten- und Schleifenbinden. Fehlerhaftes Halten der Schreibgeräte konnte von uns immer wieder beobachtet werden.

Die Gründe für diese Auffälligkeiten können verschieden sein. Dieses zu ergründen und zu diagnostizieren, ginge jedoch über den Rahmen dieses Aufsatzes hinaus. Vielmehr war es mein Anliegen, diese Kinder durch Spiele und Materialerfahrung zu unterstützen, die Handgeschicklichkeit der Kinder zu verbessern.
Zur Förderung der manuellen Fähigkeiten genügten oft die einfachsten Materialien, Spiele und Handlungen. Hier einige Beispiele:
- Fingerspiele jeder Art: „Zehn kleine Zappelmänner" (vgl. POUSSETT, 1989).
- Einsatz von Legosteinen, Metallbaukästen, Kapla-Steinen, Yenga-Spiel
- Spiele: Packesel und Stapelmännchen
- Knoten und Schleifen aus verschiedenen Materialien binden
- Türen auf- und abschließen
- Streichhölzer vom Boden / Tisch aufnehmen und auch anzünden
- Spielkarten aufheben, mischen, verteilen oder mit ihnen Kartenhäuser bauen
- Gegenstände mit geschlossenen oder verbundenen Augen fühlen
- Teebeutel mit Fingern ausdrücken
- Sand / Erde spüren, darin buddeln, graben, matschen, bauen, …
- an Schablonen entlangfahren
- auf vorgegebenen Linien prickeln
- Papier reißen und entweder mit der ganzen Hand oder nur mit den Fingern zu Kugeln formen.
- mit einer als Krokodil bemalten Wäscheklammer Papierkügelchen, kleine Steine so aufnehmen lassen, als ob die nimmersatten Tiere ihre Nahrung ansammeln
- Knete selbst herstellen und kneten, kneten, …
- Kreise, JoJos und Heulschläuche benutzen
- „Malen" in Schmierseife oder Neutralseife
- Gipsmasken herstellen

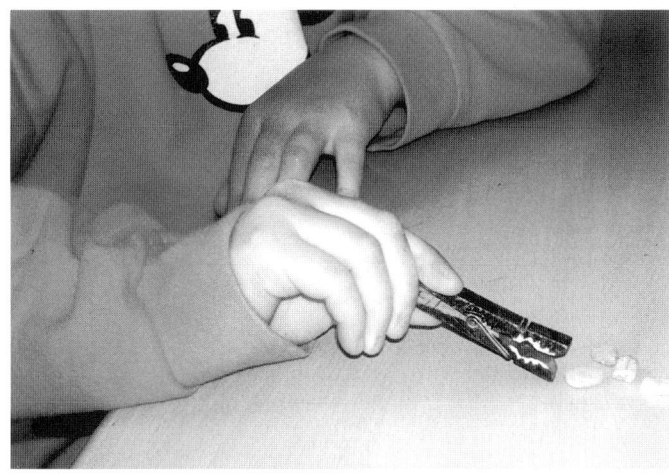

Das fressende Krokodil

Diese Übungen richteten sich selbstverständlich nach Alter, Entwicklungsreife und natürlich nach individuellen Vorlieben der Kinder. So stießen Fingerspiele bei 8–10jährigen eher auf Ablehnung, Piratenknoten, Schleifen und Päckchenpacken überforderte die Mehrzahl der 6–7jährigen Kinder.

2. Einsatz des Materials in den Förderstunden

Auffallend gute Erfahrungen machten wir mit Knete, Kreisel, Schmierseife und Gips. Daher möchte ich im folgenden auf den Einsatz und unsere Erfahrungen näher eingehen.

2.1 Knete

Die Knete wurde von den Kindern selbst hergestellt und war daher preiswerter und in größeren Mengen vorhanden (das Rezept ist am Ende dieses Aufsatzes abgedruckt). Das eigenständige Anfertigen der Knete stellte einen großen Anreiz für die Kinder dar. Nicht nur das dosierte, löffelweise Abwiegen der verschiedenen Elemente und das langsame Umrühren, sondern auch das kraftvolle Kneten der unfertigen Masse förderte gerade die oben genannten Dimensionen der Finger- und Handgelenksbeweglichkeit, der Finger- und Handkraft, Kraftdosierung, Beweglichkeit, Zielgenauigkeit und die Beidhand-Koordination. Das freie Formen von Gegenständen, Figuren oder Formen begeisterte jede Altersgruppe.

Mario knetet

2.2 Kreisel

Weit mehr feinmotorisches Geschick übten die Kinder mit den Kreiseln. Verschieden große Kreisel standen zur Verfügung: Tischkreisel, Musikkreisel, runde und eckige Kreisel, Kreiselspiele, Holz-, Plastik- und Metallkreisel.

Vielleicht war es die große Auswahl der bunten Kreisel, vielleicht aber auch gerade die Einfachheit des Spielzeugs, der anscheinend geringe Selbsteinsatz und die schnelle, manchmal recht kurze Belohnung der Kreiseldrehung, die die unerwartet hohe Zuneigung und Freude daran auslöste. Die Kinder probierten gemeinsam die

Kreisel aus, zogen sich aber auch einmal mit den „schwierigsten" zurück und probierten und übten allein ihre Drehmethoden.

Kind mit einem Kreisel

2.3 Übungen mit Seife

Schmieren, patschen und matschen sind Tätigkeiten, die jedes Kind gern ausführt, die aber oft aus hygienischen Gründen im häuslichen Bereich und aus Angst vor dem befürchteten Chaos in der Klasse unterlassen werden. Zur gezielten Beidhand- und Fingerförderung legten wir den Boden mit Müllsäcken aus und befestigten die Ränder mit Klebeband. Jedes Kind bekam einen Becher mit Schmierseife/Neutralseife und konnte so selbst bestimmen, mit wieviel Seife es arbeiten wollte. Wir erwarteten ein Chaos, doch die Kinder gingen sehr vorsichtig und behutsam mit dem Material und der Dosierung um. Sie konnten nun ein- und beidhändige, schwungvolle Lockerungsübungen ausführen, zum Teil mit geschlossenen Augen und mit Musikbegleitung.

Durch die beidhändig ausgeführten Bogen und Kreisbewegungen entstanden phantastische Gebilde.

Die Übung erinnert an großräumige Beidhandübungen an der Tafel, hat jedoch den Vorteil, daß

– Handgelenk, Handfläche und Finger beteiligt sind, es muß kein Stück Kreide gehalten werden,
– mit einer Handbewegung „Platz für neue Phantasiegebilde" entsteht,
– das Material geradezu zu Schwungübungen einlädt,
– auch mit den Füßen die gleichen Übungen wie mit den Händen durchgeführt werden können.

ACHTUNG: Laufen auf den Müllsäcken birgt große Gefahren!

Speziell motorisch unruhige, unbeherrschte Kinder, aber auch Kinder mit einer Dyspraxie (zum Begriff „Dyspraxie" vgl. S. 48) hatten Schwierigkeiten, eckige Schwungübungen auszuführen, da hier Elemente der Begrenzung und des Abstoppens zum Tragen kamen.

Kind mit Schmierseife

2.4 Herstellen von Gipsmasken

Das Herstellen von Gipsmasken war ein spannendes Erlebnis für alle. Im vorhinein wurden für jeweils zwei Kinder die Arbeitsflächen vorbereitet. Wiederum wurde ein Müllsack als Unterlage gewählt, auf dem eine Schere, eine Schale mit Wasser, eine Schale für die Gipsbinden, ein Handtuch und Vaseline bereitgestellt wurden. Nachdem die Kinder ihren Partner gewählt hatten, zerschnitt ein Kind die Gipsbinden in kurze Streifen. Das andere, das die Gipsbinden „bekam", verteilte (ohne Spiegel) Vaseline auf sein Gesicht. Schon bei dieser Vorbereitung zur Maskenherstellung kamen die Förderungen der Daumen-Finger-Koordination und die Berührungssensibilität zum Tragen.

Bei der Anfertigung kam es nun darauf an, daß das liegende Kind seinem Partner sehr großes Vertrauen schenken mußte und daß der Partner vorsichtig, mit kontrollierter Kraftdosierung, die nassen Gipsstreifen beidhändig auf das Gesicht legte.

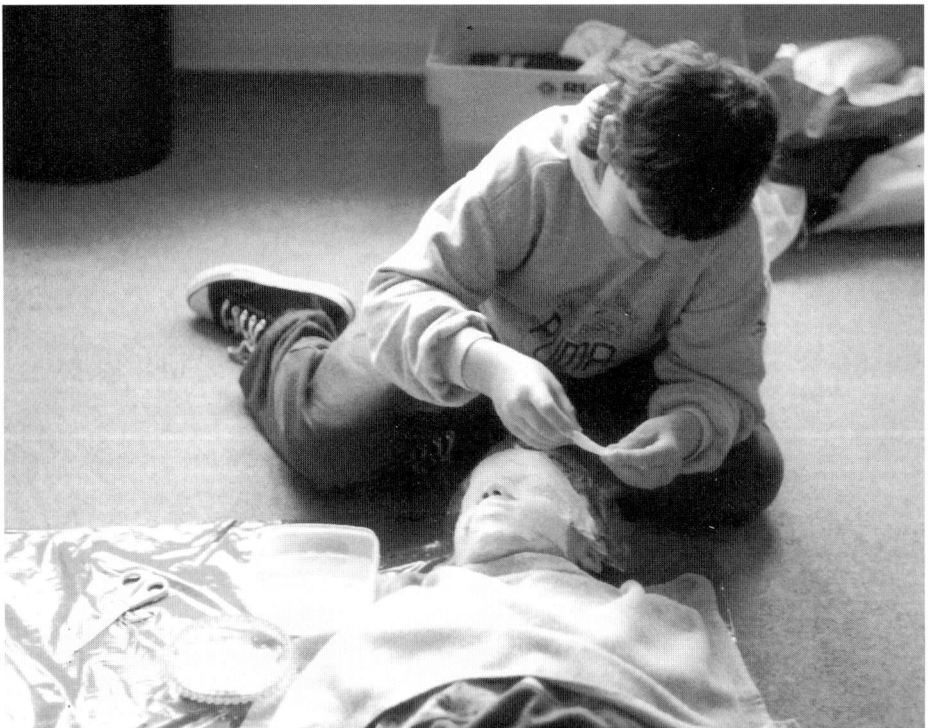

Kinder stellen Gipsmasken her

Nicht alle Kinder konnten es ertragen, Augen, Mund oder Nase mit Gips bedeckt zu bekommen. Es ist daher ausgesprochen wichtig, den Kindern die Entscheidung zu überlassen, ob sie eine Gesichtsmaske haben möchten oder nicht.

72

3. Schreibbewegungsstörungen

Differenzierter als die „handgeschicklichen Äußerungsformen" sind die Schreibbewegungen als „kommunikativ-sozialer" Handlungsprozeß zu betrachten (KIPHARD). Notwendige Fähigkeiten dazu sind die Kenntnisse der Sprache, der Symbole (Buchstaben), der entsprechenden Laut-Buchstaben (und umgekehrt) und eines Wort-Sinn-Verständnisses.

Diese Vielzahl von perzeptiven, kognitiven und motorischen Faktoren sind Voraussetzung zum Erlernen der Schriftsprache.

Es ist keine Frage, daß sich gerade die bewegungsgeschicklichen Voraussetzungen ausschlaggebend auf das Schriftbild auswirken. Beim Schreiben kommt es, wie bei allen Handgeschicklichkeitsaufgaben, auf die Geschicklichkeit, Genauigkeit und Kraftdosierung an. Die emotionale Variable darf jedoch auch nicht übersehen werden, beschäftigen sich Graphologen doch ausschließlich mit der Ausdrucks- und Persönlichkeitsdeutung der Schrift.

Störungen des Schriftbildes lassen sich, in Anlehnung an die drei Variablen, einerseits in **dynamische** (= Schreibdruck und Verkrampfungen) und andererseits in **räumliche** (= Verzitterungen, Ausfahrbewegungen) Unzulänglichkeiten einteilen.

Bei dynamischen Störungen kommt ein hoher Schreibdruck, Verkrampfungen und ein daraus resultierendes verlangsamtes Schreiben zum Ausdruck.

Im Bemühen, ausfahrende Bewegungen kontrollieren zu wollen, treten bei der räumlichen Komponente Verzitterungen und Richtungskonflikte auf.

Folgen dynamischer und räumlicher Störungen sind Verkrampfungen der Finger, Handgelenke, der Arme und nicht zuletzt des ganzen Körpers. NAVILLE nennt daher eine Sitzhaltung mit rechtwinklig gebeugten Hüften, Knien und Fußgelenken für ein wesentliches Merkmal schreibmotorischer Erfolge (NAVILLE/MARBACHER, 1989, S. 12). Auch die Art und Weise der Stifthaltung, d. h. wie Finger und Daumen den Stift halten und führen, ist ausschlaggebend für Schreibrichtung, -tempo, -druck, Größenverhältnisse und Kontinuität.

4. Auswirkungen von graphomotorischen Störungen auf den Schulalltag

Schreibmotorisch dynamisch gestörte Kinder setzen von Anfang an einen übermäßig hohen Schreibdruck ein, um Extrabewegungen abbremsen zu können und Qualitätsansprüche zu sichern. Dabei wird sehr viel Aufmerksamkeit und Konzentration auf die Stiftführung gelegt. Es ist also keine Überraschung, wenn dabei die Qualität, d. h. die orthographische Richtigkeit, leidet.

Beispiel aus einem Arbeitsheft:

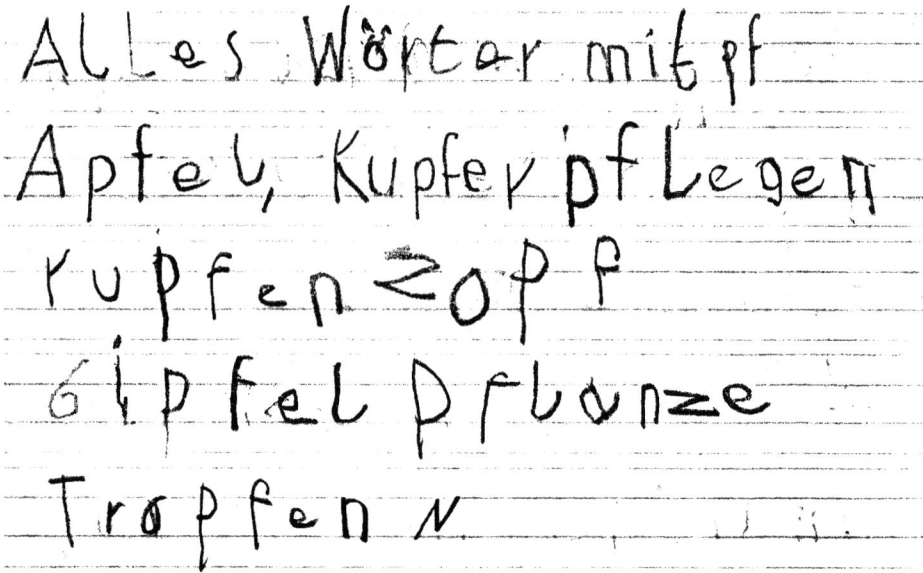

Christian, 1. Schuljahr, 8 Jahre

Der enorm hohe Schreibdruck bewirkt ein verlangsamtes Schreibtempo und führt von Bewegungssteifheit bis zu Verkrampfungen.

Diese Kette von Faktoren lösen Streßsituationen bei den Kindern hervor und verstärken den seelischen Konflikt des Versagens.

Je länger das Schreiben dauert, desto langsamer und auch unleserlicher wird die Schrift. Dies alles führt letztendlich zu dem Konflikt zwischen Qualität und Quantität, dem ständigen Bemühen, den Anforderungen gerecht zu werden, um die rechtschreibliche Norm zu sichern.

Neben dem Phänomen des verkrampften Schreibens sieht man häufig kraftlose, eher oberflächlich geschriebene Buchstaben und Wörter. Oftmals werden diesen Kindern Faulheit und mangelnde Leistungsbereitschaft vorgeworfen. Die „ausfahrende Schrift" (NAVILLE) tritt häufig bei allgemeiner oder hyperkinetischer Bewegungsunruhe auf. Ein überstürzter Schreibansatz führt zu unsauberen, ungenauen Buchstaben. Inkonstante Bewegungsrichtungen bringen eine verkritzelte Schrift hervor, die, unterstützt durch einen kraftlosen Schreibdruck, zu einem zittrigen, kaum leserlichen Schriftbild führen.

Nach KIPHARD versuchen diese Schüler, instinktiv ihre Bewegungsunruhe zu kontrollieren. Häufig sind Verkrampfungen der aufstützenden Schreibhand oder der anderen Hand zu beobachten. Die Kinder versuchen, ihre Unruhe durch Druck des Handballens auf den Tisch zu unterdrücken. Hierdurch läßt sich evtl. der fehlende oder geringe Schreibdruck erklären.

Diese Schreiber benötigen zur Kontrolle ihrer Bewegungsstörung eine unbe-

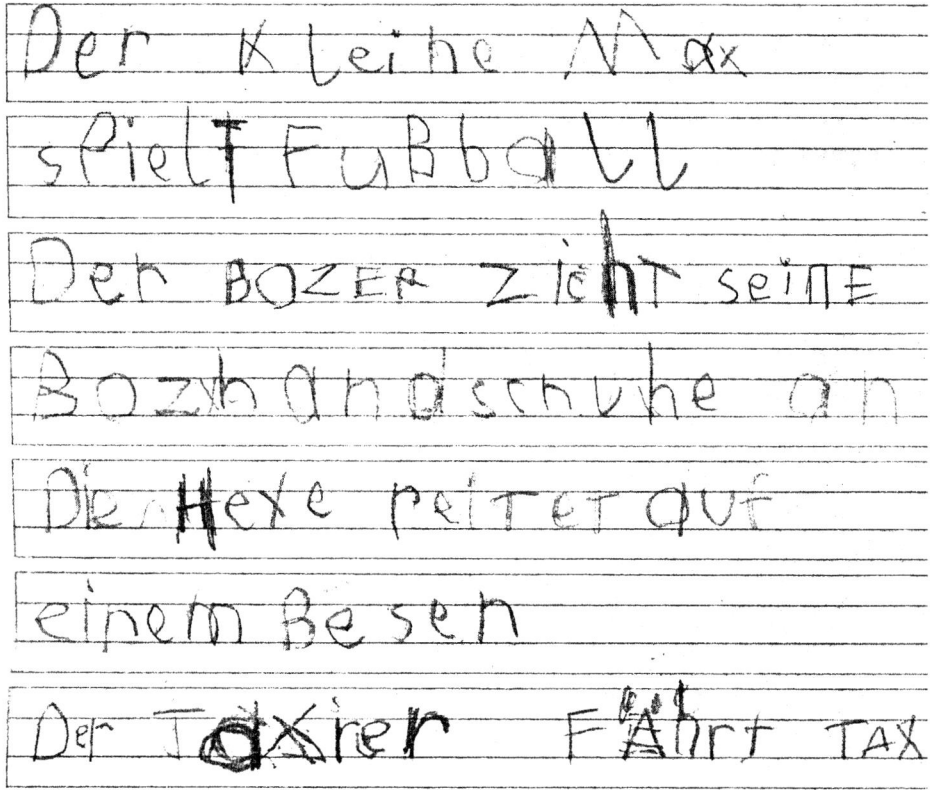

Kevin, 1. Schuljahr, 7;8 Jahre

schreiblich hohe Konzentration. Da diese Aufmerksamkeit über einen längeren Zeitraum nicht einzuhalten ist, schreiben die Kinder bald unsauber und unkontrolliert (siehe auch Kapitel 4, Abschnitt 3.3.).

5. Förderung in den Intensivmaßnahmen

Bevor förderdiagnostische Übungen vorgestellt werden, muß darauf hingewiesen werden, daß selbstverständlich keine Schreibstörung innerhalb der zweiwöchigen Intensivmaßnahmen gänzlich behoben war.
Unsere Prämisse während der Intensivmaßnahme lautete nicht: „Nur durch Schreiben lernt man schreiben." Denn: Eine unleserliche Handschrift verbessert sich nur in den seltensten Fällen dadurch, daß das Kind viele Schreibaufgaben erfüllen muß. Wir reduzierten gar zu Beginn das Schreiben (Anmerkung: Zur Freude der Kinder, denen nun der leistungsorientierte Schreibstreß genommen wurde).

Ein koordinierter Schreibvorgang mit einer leserlichen, sauberen Schrift macht unzählig viele Übungen und Erfahrungen notwendig. Diese beginnen mit ersten Greifübungen im Säuglingsalter und enden auch nach Schuleintritt noch lange nicht.[1]

Ein Kind mit bewegungsmotorischen Schreibstörungen war oder ist sicherlich auch kein begeisterter Maler, hält wahrscheinlich sehr lange Zeit Stift und Pinsel in der Faust.

Diese vielfältigen Bewegungsmuster sind später in der Therapie nur bedingt auf andere Situationen übertragbar. Verständlicherweise können die verschiedensten Trainingshefte für Schwungübungen die sonst natürlich erworbenen Bewegungsgeschicklichkeiten nicht aufholen. Aus diesem Grund muß eine Förderung möglichst unterschiedliche und breitgestreute Bewegungsaufgaben enthalten. Grob lassen sich diese Übungen einteilen in:

1. Armlockerungsübungen
2. Hand- und Fingerübungen
3. Schreib- und Schwungübungen
4. Langsame Schreibübungen
5. Übungen zur Präzision beim Schreiben
6. Übungen zur Schnelligkeit beim Schreiben

Mit allen Kindern wurden täglich Armlockerungsübungen durchgeführt, wobei die spielerische Komponente stets im Vordergrund stand:
- Ausschweifende Dirigentenbewegungen zum Takt verschiedener Musikstücke und Rhythmen.
- Mannigfaltige Übungen mit verschieden großen und schweren Bällen: werfen, pritschen, fangen, prellen, kegeln, rollen, …
- Seilchenspringen , -drehen, Lassoschwingen
- JoJo-Spiele als rhythmische Auf- und Abbewegungen
- Pendelspiele als rhythmische Hin-und-her-Bewegungen
- Tafelputzen, Tafelschmieren mit Schwamm oder Kreide, Tische abwischen

Auch Aufgaben aus dem 1. Abschnitt dieses Aufsatzes (Schwungübungen mit Schmierseife) lassen sich ohne weiteres auf Arm- und Handgeschicklichkeitsübungen übertragen.

Folgende Übungen lehnen sich gleichermaßen an den 1. Abschnitt an, wobei hier die enge Verknüpfung von manuellen Bewegungsstörungen und Schreibstörungen zu erkennen ist:
- Hin- und Herdrehen der Handgelenke
- Handgelenkslockerungen durch Hin-und-her-Drehen eines Fächers

---

1 Wir haben allerdings die Erfahrung gemacht, daß die Stiftkorrektur, die einsetzen muß, wenn ein Kind zum Schuleintritt den Stift falsch hält, sehr schwierig ist. Hier muß schon verstärkt in der vorschulischen Arbeit (z. B. im Kindergarten) auf die Stifthaltung geachtet werden.

- Fingerbewegungen nach Kinderversen
- Finger wie ein Monster steif machen und wieder erschlaffen lassen
- Knetmasse herstellen, Finger/Hände abdrücken, Kugeln und Wülste formen
- Fingermalfarbe auf großen, glatten Flächen auftragen
- Papier reißen (Stücke und Streifen), Papier schneiden, …
- Knet- und Rührübungen mit Wasser in einem großen Gefäß
  Schreib- und Schwungübungen sollten entweder mit Wachsmalstiften oder mit dicken Buntstiften durchgeführt werden. Hervorragend eignen sich dicke Graphitstifte (Zeichenbedarf), da sie sehr leicht über jedes Papier oder Pappe gleiten
- Beidhändig senkrechte und waagerechte Striche
- Verschiedene Übungen zu den vier Grundelementen Punkt, Strich, Bogen und Kreis
- Beidhändige Zickzackübungen
- Zwischen verschieden weit voneinander entfernten Linien entlangfahren
- Verschieden schwierige Labyrinthe mit dem Stift auflösen
- Spielerische Übungen an der Schreibmaschine und/oder am Computer (siehe auch Kapitel 9).

Spielerische Übungen an der Schreibmaschine oder am Computer meinen hier:
- Wahlloses, abwechselndes Eintippen mit beiden Zeigefingern (Mittelfingern, Ringfingern, …)
- Tippen des eigenen Namens; von Buchstaben und Zeichen über mehrere Reihen:

Anke Anke Anke Anke Anke Anke Anke Anke Anke Anke Anke Anke Anke
Anke Anke Anke Anke Anke Anke Anke Anke Anke Anke Anke Anke Anke
Anke Anke Anke Anke Anke Anke Anke Anke Anke Anke Anke Anke Anke
UUUUUUUUUUUUUUUUUUUUUUUUUUUUUUUUUUUUUUUU
UUUUUUUUUUUUUUUUUUUUUUUUUUUUUUUUUUUUUUUU

asd asd asd asd asd asd asd asd asd asd asd asd asd asd asd asd asd asd asd asd
asd asd asd asd asd asd asd asd asd asd asd asd asd asd asd asd asd asd asd asd

ʻ*ʼ
ʻ*ʼ

Der Phantasie sind bei allen vorgeschlagenen Übungen keine Grenzen gesetzt. Oft liegt gerade in der Einfachheit das Besondere und Spannende.
Weitere Spiele finden Sie im Kapitel 12 unter dem Abschnitt „Förderung der Feinmotorik", S. 144 ff.

6. Anhang

Rezept zur Herstellung von Modelliermasse (Knete)
Zutaten:
400 g Mehl
200 g Salz
11 g Alaun (in Apotheken erhältlich)
1 Päckchen Lebensmittelfarbe (in Apotheken erhältlich)
3 Eßlöffel Öl
$^1/_2$ Liter Wasser
Wasser und Öl zusammen zum Kochen bringen und abkühlen lassen. Mehl, Salz, Alaun und Lebensmittelfarbe miteinander vermengen. Nach und nach den abgekühlten Sud unter die Masse kneten.
Die fertige Knete in luftdichten Tüten oder Dosen aufheben.

7. Literatur

KIPHARD, E. J.: Mototherapie II, Dortmund 1983
NAVILLE, S. / MARBACHER, P.: Vom Strich zur Schrift. Dortmund 1989[2]
BLÖCHER, E.: Schwierigkeiten beim Schreibenlernen, Ulm 1983
POUSSETT, R.: Fingerspiele und andere Kinkerlitzchen, Hamburg 1989

7. Einzelförderung für lese- und rechtschreibschwache Kinder

Claudia Buchenberger

0. Einleitung

Über die Möglichkeit der Individualisierung und der Inneren Differenzierung im Unterricht ist in den letzten Jahren ausgiebig mit dem Ergebnis diskutiert worden, letztere zur Notwendigkeit zu erheben.

In jeder Klasse gibt es neben besonders leistungsschwachen auch leistungsstarke Schüler. Ebenfalls ist neben dem individuellen Leistungsstand der soziale zu berücksichtigen; denn Grundschule lehrt nicht nur Wissen, sondern trägt genauso dem Erziehungsgedanken Rechnung.

1. Problemaufriß

Durch die veränderte Kindheit sind die Eingangsbedingungen der Schulanfänger unterschiedlicher als je zuvor. Verstärkt wird dieses Ungleichgewicht durch das leistungsorientierte Denken vieler Eltern, die ihre Kinder zum eigenständigen Lesen, Schreiben und auch Musizieren anhalten, bevor diese Kinder eingeschult werden. Somit ist voraussehbar, daß sich diese Kinder im Erstleselehrgang und oftmals auch in anderen Fächern des ersten Schuljahres langweilen.

Wir Lehrerinnen und Lehrer wissen um die sehr unterschiedlichen Voraussetzungen und Vorkenntnisse der Schulanfänger. Eine Jahrgangsklasse, in der von einem gleichen Kenntnisstand aller Kinder ausgegangen wird, gibt es heute nicht mehr.

Es muß folglich der Schritt zu einem integrativen Schulsystem gemacht werden. Dieses System würde die Individualisierung heterogener Schülergruppen bei gleichzeitigem gemeinsamen Unterricht gewährleisten (vgl. SASSENROTH, 1991, S. 128 ff.).

Sowohl lernschwache als auch überdurchschnittlich begabte Schüler sind innerhalb der Klassengemeinschaft zusammengefaßt und werden nicht aus dem Unterricht ausgesondert, um speziellen Förderunterricht zu erhalten. Vielmehr steht der Einsatz von Pilotlehrern im Vordergrund, also im Sinne des „Teamteaching" eine

Klasse gleichzeitig von zwei oder drei Lehrern betreuen zu lassen[1]. So können sämtliche Schüler entsprechend ihren Schwächen und Stärken optimal gefördert werden. Gleichzeitig bekommt kein Kind das Gefühl vermittelt, ein Sonderfall zu sein, sich in irgendeiner Weise von der Gemeinschaft zu unterscheiden.

Fokussierend zitiert BARTNITZKY in „Auf dem Weg zum differenzierten Schulalltag" LICHTENSTEIN-ROTHER, welche dem Begriff der Differenzierung den der Integration als einen dazu komplementären zur Seite stellt:

„Integration bezieht sich wie Differenzierung auf das Verhältnis von Vielheit und Einheit in einem gegliederten Ganzen. Integration meint Wahrung und Herstellung des Zusammenhangs, der Gemeinsamkeit, der Einheit" (BARTNITZKY, 1983, S. 13).

Es ist also von grundlegender Bedeutung, bei dem Gebrauch der Differenzierung das Miteinander- und Voneinanderlernen miteinzubeziehen.

Es bleibt allerdings abzuwarten, ob es in nächster Zukunft gelingen wird, dieses integrative System einzuführen. Zudem sei hier angemerkt, daß eine zu eilige Durchführung nicht frei von unerwünschten Nebeneffekten bliebe, welche hier jedoch nicht Diskussionsgegenstand sind.

2. Fördermaßnahmen

Im folgenden soll der Begriff „Einzelförderung" von den übrigen Fördermaßnahmen (Freiarbeit, Gruppenförderung) abgegrenzt und näher betrachtet werden.

2.1 Fördern im Einzelunterricht

Der Förderunterricht im allgemeinen, die Freiarbeitsphase, der binnendifferenzierte Unterricht und auch die Gruppenförderung sind nicht nur für die Lehrer, die diese Maßnahmen (mehr oder weniger) praktizieren, längst geläufige Begriffe, sondern auch für die Eltern.

Die Einzelförderung kann im Schulalltag im Regelfall nur im Rahmen des binnendifferenzierten Unterrichts praktiziert werden: Die Klasse beschäftigt sich in der Freien Arbeit oder im Wochenplan mit bestimmten Materialien, während die Lehrerin sich mit einem Kind zurückzieht.[2] Einzelförderstunden außerhalb des Klassenverbandes sind aufgrund der zur Verfügung stehenden Ressourcen (Lehrer-Schüler-Stunden) nicht vorhanden. Ein weiterer Grund für die Ablehnung von

---

1 An der Margaretenschule hat sich bewährt, in Stunden, in denen ein Lehramtsanwärter in der Klasse unterrichtet, als eine Möglichkeit der Binnendifferenzierung mit anzubieten: Während der Referendar sich mit der Klasse beschäftigt, hat der „Mentor" Zeit, sich im Klassenraum um einzelne Schüler zu kümmern. Voraussetzung ist allerdings, daß der Lehramtsanwärter über so große didaktische und methodische Kompetenz verfügt, daß er die Kinder allein unterrichten kann.

2 In einigen Bundesländern, so z. B. in Nordrhein-Westfalen, ist es möglich, daß Eltern im Unterricht mitwirken. So „übernehmen" die Eltern in einigen Stunden in der Woche die Kinder, während der Lehrer mit den restlichen Schülerinnen und Schülern arbeitet.

Einzelförderung ist, daß die soziale Komponente des Lernens in solch einer Maßnahme nicht genügend berücksichtigt wird. Doch beansprucht diese Form der Förderung in der Regel nur ein bis zwei Stunden pro Woche und Schüler und nimmt somit keinen entscheidenden Einfluß auf das Sozialleben, als daß damit ein Verzicht der Einzelförderung zu rechtfertigen ist.

Die Eltern kennen die Einzelförderung als Nachhilfeunterricht im generell außerschulischen Bereich und nehmen sie immer häufiger in Anspruch. Da aber aus finanziellen Gründen oftmals keine Fachkräfte diese Nachhilfe erteilen (oft sind es Schülerinnen und Schüler aus höheren Klassen), steht die Effizienz oft im Widerspruch zur Erwartung der betroffenen Eltern und Kinder. Einzelunterricht, der durch Fachkräfte angeboten wird, ist in der Regel so teuer, daß in diesem Fall die sozial schwachen Schüler benachteiligt würden, da nur gutsituierte Eltern problemlos in der Lage sind, große Summen für die Förderung ihrer Kinder aufzubringen (siehe auch Fußnote [2] auf Seite 15). Bei der Erteilung der Nachhilfe durch Schüler fehlen oftmals die fundamentalen Aspekte der Einzelförderung: die gezielte Diagnose und die ganzheitliche Betreuung (das Lernen mit allen Sinnen). Aber gerade die detaillierte Diagnose und die nicht ausschließlich kognitive Förderung ist von herausragender Bedeutung für lese- und rechtschreibschwache Kinder.

SASSENROTH schreibt in seinem Buch, „daß weder eine frühe Aussonderung von Schülern mit Schwierigkeiten im Schriftspracherwerb in Sonderklassen für Sprach- und Lernbehinderte empfehlenswert erscheint noch eine separierende, ambulante ,Legastenietherapie' in künstlichen therapeutischen Situationen außerhalb des Klassenzimmers sich als angezeigt erweist", sondern: „Die individualisierende, lernprozeßbegleitende Förderung soll im Sinne des Spracherfahrungsansatzes möglichst innerhalb des offenen Unterrichts einer leistungsheterogenen Schulklasse erfolgen, da das Kind hier die reichhaltigere Anregung als in einer Einzeltherapiesituation oder in einer künstlich homogenisierten Sonderklasse für Sprach- oder Lernbehinderte findet" (SASSENROTH, 1991, S. 128).

Dagegen gibt es Einwände:

1. Einzelförderung darf nicht absolut sein, d.h., das Kind wird nicht dauerhaft abgesondert, da der Klassenunterricht nach wie vor bestehen bleibt. Es sind nur bestimmte Stunden, in denen (auch außerhalb der Schulzeit) eine Förderung von lese- und rechtschreibschwachen Kindern anzusetzen ist, so daß die durch gemeinsamen Unterricht mit heterogenen Leistungen aufkommende vielseitige Anregung nicht verloren ginge, sondern weiterhin im Unterricht zu finden sein wird.

2. Zum anderen, und dies wird im folgenden aufgezeigt, bestehen bei der Einzelförderung Vorteile, die eine vollständige Diagnose aller Defizite des lernschwachen Kindes möglich macht. Die Diagnose darf sich nicht auf schulische und kognitive Merkmale beschränken.

Hieraus folgt die unabdingbare Forderung der ganzheitlichen Förderung – Lernen mit allen Sinnen – ein Hauptanliegen der Einzelförderung. Neben auditiven und visuellen Übungsangeboten gilt es, das taktile Lernen, olfaktorische und gustatorische Elemente mit in die Fördermaßnahme aufzunehmen. Auch motopädische und ergotherapeutische Übungen sind in die Förderung mit einzubeziehen. Hier grenzt sich dieser Ansatz ganz eindeutig von der herkömmlichen Nachhilfe als reiner kognitiver Förderung ab.

3. Vorteile der Einzelförderung

Bevor mit der Einzelförderung begonnen wird, muß eine ausführliche Diagnose Hinweise auf die vorhandenen Stärken, aber auch Schwächen geben (siehe auch Kapitel 3). Diese Diagnose aber bezieht sich nicht ausschließlich auf kognitive Fähigkeiten: So gibt die soziale Komponente Aufschluß über das häusliche Lernumfeld ebenso wie über das Verhalten der Eltern und Geschwister, der Mitschüler und Mitschülerinnen. Genauso notwendig für eine brauchbare Analyse ist die emotionale Komponente, welche die Lehrperson dazu anhalten sollte, sich ein Bild über Selbstsicherheit, Lernfreude, aber auch Belastbarkeit (z. B. Umgang mit Mißerfolgen) seitens des Kindes zu machen. Auch anamnestische Angaben helfen oft, diagnostische Daten zu erhalten.

Auf die physiologische Komponente muß geachtet werden. Sie beinhaltet Beobachtungen bezogen auf die Seh- und Hörfähigkeit des Kindes; gleichfalls werden hier Auffälligkeiten der motorischen Fähigkeiten berücksichtigt. Hier befindet sich der Lehrer jedoch auf einem fachfremden Gebiet. Er sollte bei auffälligen Erscheinungsbildern in jedem Fall einen Arztbesuch des Kindes anstreben bzw. weitere Fachleute zu Rate ziehen.

Als Zwischenresümee läßt sich festhalten, daß wir Lehrpersonen oftmals schon damit überfordert sind, sämtliche Anhaltspunkte der jeweiligen Komponenten bei einer großen Klassenstärke zu bemerken. Denn dazu wäre eine intensive kontinuierliche Beobachtung aller Schüler notwendig. Das ist bei der jetzigen Klassengröße nur in Ansätzen zu verwirklichen. Definitiv läßt sich außerdem festhalten, daß die Lehrperson selbst im Falle der Feststellung spezifischer Auffälligkeiten überfordert wäre, diese sofort zu beheben bzw. geeignete Maßnahmen zu ergreifen. Tatsächlich verhält es sich jedoch so, daß es oftmals bei der einfachen „Feststellung des Ausmaßes von Versagen" belassen wird. Eltern werden dann direkt von der Lehrperson oder indirekt durch entsprechende Schulnoten informiert (z. B. durch Klassenarbeiten).

Ist das Ausmaß der Lernschwächen relativ gering und treten diese auch nur im kognitiven Bereich auf, so können sie mit allgemeinen Fördermaßnahmen im Regelfall behoben werden. Ziel dieser Fördermaßnahmen ist es dann, direkt erkennbare, also im Unterricht auftretende Lernschwierigkeiten durch individuelle Maßnahmen zu verringern bzw. zu beheben und die betroffenen Schüler in ihrer gewohnten Lerngruppe zu belassen.

Treten keine ersichtlichen Erfolge auf, wird man im Regelfall dazu übergehen, zusätzliche Fördermaßnahmen einzuleiten: Förderkurse, die über den wöchentlichen Schulumfang hinausgehen und mit deren Hilfe die Lernschwierigkeiten behoben werden sollen. Im Normalfall werden größere Gruppen gebildet (ca. 6–10 Schüler), um mit diesen Kindern im Sinne des Konzepts der Inneren Differenzierung zu arbeiten.[3]

Nun werden zum einen nicht alle Probleme der Schüler teilweise oder vollständig gelöst, zum anderen, wie zuvor erläutert, nicht alle Lernschwächen oder übrigen Defizite (im sozialen und emotionalen Bereich) erkannt.

Im LRS-Erlaß von Nordrhein-Westfalen wird hier besonders auf Schülerinnen und Schüler verwiesen, die eine psychische Beeinträchtigung aufweisen (z. B. ausgeprägte Angst vor Mißerfolgen, geringes Selbstvertrauen), des weiteren neurologische Auffälligkeiten zeigen (Störungen der Sensomotorischen Integration sowie zentralmotorische oder Hirnfunktionsstörungen) und durch eine sozial unangemessene Verhaltenskompensation reagieren (aggressives oder gehemmtes Verhalten).

Für diese Kinder werden schließlich außerschulische Maßnahmen empfohlen: Schulpsychologische Beratungsstellen, Sprachtherapien, ein psychomotorisches Training, Ergotherapie etc.

Für diese Adressaten ist aber auch die Einzelförderung als umfassendes Konzept gedacht. Wie sich dieses Konzept in der Praxis realisieren läßt, soll im folgenden anhand von Beispielen dargestellt werden.

Neben der detailgenauen Diagnose der Defizite der Kinder wurde als gleichberechtigtes Ziel der Einzelförderung der Aufbau der Schulmotivation angestrebt. Darunter ist zum einen die Lernmotivation zu verstehen, die gerade bei lernschwachen Kindern nahezu vollständig abgebaut sein kann. Zum anderen sollte die generelle Freude am Schulleben erneut geweckt werden. Gerade bei Kindern mit Störungen im emotionalen und sozialen Bereich ist dies ein nicht zu unterschätzender Aspekt, ganz davon abgesehen, daß die Förderung eines intakten Sozialverhaltens unbedingt zu den Lernzielen der Grundschule gehören sollte.

Neben den bereits vorhandenen Informationen von Lehrern und Eltern über die Lerndefizite der Kinder sollte zu Beginn der Fördermaßnahme ein Eingangstest zusätzlich Aufschluß über die individuellen Lernschwächen geben. Mit Hilfe der Testergebnisse und der am ersten Tag getätigten Beobachtungen wurde ein entsprechendes Konzept für den einzelnen Schüler entwickelt (diese Tests sind in Kapitel 3 beschrieben und in Kapitel 14 abgedruckt).

An dieser Stelle möchte ich betonen, daß trotz des Konzeptes eine durchgängige Fle-

---

3 Hier „greift" unsere Kritik am LRS-Erlaß: Die Anzahl der Kinder, die in einer Gruppe gefördert werden sollen, halten wir für viel zu groß. Mehr als vier Kinder sollten nicht in einer Gruppe sein. Wenn aufgrund der Lerndefizite einzelner Schüler eine binnendifferenzierte Förderung nicht möglich ist, sollte man überlegen, ob nicht Stunden aus dem Hauptstundenplan herausgenommen werden können, um zusätzliche Fördermaßnahmen anzubieten (ARENHÖVEL, 1994, S. 104).

xibilität für die Betreuer zur Maxime gemacht wurde.[4] Konkret bedeutet dies, nie an einem bestimmten Lehrplan oder Konzept festzuhalten, wenn die spezifische Situation eine andere Verhaltensweise fordert. Zeigt ein Kind beispielsweise überhaupt keine Motivation, sich mit dem Computer oder einem Arbeitsblatt zu beschäftigen, dann muß nach einer für diesen Moment anregenderen Aufgabe gesucht werden. Dies setzt voraus, daß das Kind den Betreuer in seiner guten Absicht nicht ausnutzt; deshalb muß die Lehrperson über eine hohe Sensibilität verfügen, um zwischen schlichter Unlust und echtem Konzentrationsmangel unterscheiden zu können.

4. Fallbeispiele

Im folgenden gehe ich ausschnittsweise auf drei Schüler unserer Gruppe ein:
Mark ist Schüler einer dritten Klasse und konnte weder lesen noch schreiben. Er beherrschte einfachste Wörter des Grundwortschatzes nicht. Zwar zeigte Dennis hier ebenfalls ein großes Defizit, doch ließ sich bei ihm im Gegensatz zu Mark ein klares Schriftbild erkennen. Damit einhergehend verfügte Dennis über ein größeres Potential, verschiedene Silben zu erkennen und zu benennen und zu Wörtern zusammenzusetzen; eine Aufgabe, die Mark nur mit fortwährender Hilfestellung bewältigte. Die durch Marks Schriftbild deutlich gemachten feinmotorischen Störungen sind in der nachfolgend abgebildeten Übung zu erkennen:

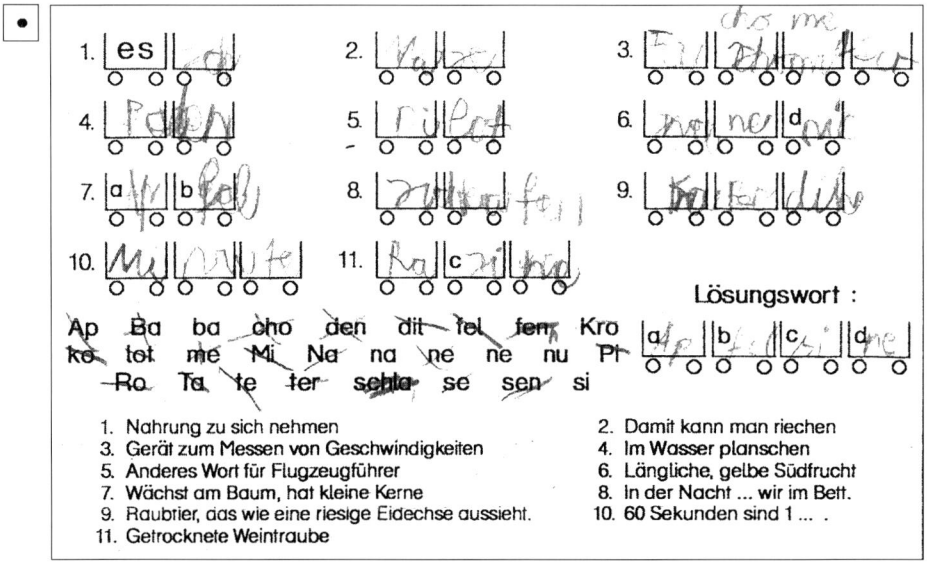

Mark, 3. Schuljahr, 9; 8 Jahre

---

4 Hier zeigte sich auch, wie wichtig das methodisch-didaktische Repertoire des jeweiligen Förderlehrers ist. Deshalb ist es für uns undenkbar, daß Personen, die über diese Voraussetzungen nicht verfügen, adäquat fördern können.

Die auffälligen Störungen der Feinmotorik äußerten sich nicht bei der Arbeit mit dem Stabilobaukasten, welchen wir zwischenzeitlich zur Entspannung oder am Schluß einer Übungseinheit einsetzten. Da Mark jedoch auch grobmotorische Störungen in den Sportstunden zeigte (siehe auch Kapitel 5), sich zudem meist hektisch und laut gebärdete, wurden für ihn in erster Linie Übungen zusammengestellt, die seine „Feinwahrnehmung" und Konzentrationsfähigkeit schulen sollten.

Dazu gehörte z. B. das „Riech-Memory" – bestehend aus verschiedenen Gewürzen, Duftölen etc., gefüllt in gleichgeformte Döschen in jeweils zweifacher Ausführung. Mit verbundenen Augen versuchte Mark, durch Schnuppern die diversen Düfte zu Paaren zu ordnen.

Eine weitere Übungseinheit sprach seinen Hörsinn an. Mark hörte sich mit dem Kopfhörer eine Kassette an, auf welcher verschiedene Geräusche abgespielt wurden. Diese mußte er laut Aufgabenstellung auf dem zugehörigen Arbeitsblatt den dort abgebildeten Gegenständen und Tieren zuordnen (z. B. ertönt das Klingeln eines Weckers – als achtes Bild ist auf dem Arbeitsblatt ein Wecker zu sehen). Diese Übung war sehr umfangreich, sie umfaßte acht Arbeitsblätter und mehrere Kassetten und wurde deshalb an verschiedenen Tagen fortgeführt (vgl. ARENHÖVEL/ WILDE, 1982). Im Verlaufe der Sitzungen bemerkten wir, daß Marks sequentielle auditive Wahrnehmungsfähigkeit gestört ist: Wenn ihm zwei oder drei Geräusche gleichzeitig dargeboten werden, kann er diese nicht analysieren. Das hat Konsequenzen für den Unterricht: Wenn mehrere Kinder im Unterricht gleichzeitig sprechen, versteht Mark aufgrund der Beeinträchtigung der auditiven Figur-Grundwahrnehmung nichts.

Mark mit Kopfhörern

Um die Feinmotorik zu schulen und gleichzeitig ein spielerisches Lernen zu ermöglichen, gaben wir den Kindern unserer Gruppe Knetmasse in verschiedenen Farben (diese Knetmasse wurde übrigens von einer anderen Gruppe zuvor hergestellt; siehe Kapitel 6). Die Aufgabenstellung war frei gehalten: Auf einer großen, auf dem Boden liegenden Pappe sollte jedes Kind versuchen, Figuren, Tiere oder auch Buchstaben bzw. Wörter zu kneten. In unserer Gruppe beschäftigten sich Mark und Tim in zwei voneinander abgeschiedenen Ecken; die übrigen Kinder arbeiteten am Computer.

Diese Übungseinheit mit der Knetmasse war sehr aufschlußreich – wie ein anschließendes Gespräch mit den Betreuern der übrigen Gruppen ergab. Bei drei Kindern zeigten sich regelrechte Aggressionen: Diese Kinder (zu ihnen gehörte auch Mark) schleuderten große Klumpen der Knetmasse mit Wucht auf die Pappe, arbeiteten unmotiviert und zeigten keine „Ergebnisse", d. h., sie waren nicht imstande, selbständig Figuren oder Buchstaben zu formen. Erst nachdem man ihnen konkret etwas vorknetete, versuchten sie, eigene Formen oder Figuren anzufertigen. Ich half Mark schließlich, nachdem auch er die Knetmasse grob drückte und warf, die Buchstaben seines Namens zu kneten. Danach zeigte er plötzlich auch die Bereitschaft, Tiere zu formen.

Tim hingegen überraschte uns positiv. Er arbeitete von Anfang an still und selbständig. Erst nach geraumer Zeit (nach ungefähr 35 Minuten) holte er mich, um stolz auf sein „Werk" zu zeigen: er hatte fünfzehn einsilbige Wörter geknetet. Erstaunlicherweise hatte er zudem nur einen einzigen Fehler geknetet, obwohl er sonst viele der Wörter nicht korrekt schreiben konnte.

Tim im Einzelunterricht

Mark hatte im Unterschied zu Tim große Schwierigkeiten, aus der Knetmasse kleine Streifen abzutrennen und diese dann zu langen „Schlangen" auszurollen, um daraus Buchstaben zu formen. Allein das Rollen eines dünnen Streifens gelang ihm nur sehr schlecht. Erstaunlich war hingegen die hohe Geschicklichkeit, die Mark beim Spiel mit dem Stabilobaukasten zeigte. Er widmete dem Bau eines Autos jeden Tag etliche Zeit und hier war eine intensive Aufmerksamkeit zu beobachten, welche allerdings auch erforderlich ist, da einige Schrauben und diverses Zubehör nur einen Durchmesser von einem Zentimeter haben, somit voller Sorgfalt zu verarbeiten sind. Es ist an dieser Stelle anzumerken, daß Mark oft mit Begeisterung erzählt, daß er mit seinem Vater gemeinsam Traktor gefahren ist. Dies scheint ihn nicht nur von der technischen Seite zu faszinieren (Stabilobaukasten), sondern auch generell – denn der erste Satz, den Mark am Computer schreiben wollte, lautete: „Gestern bin ich mit meinem Vater Traktor gefahren." Gemeinsam versuchten wir dann, diesen Satz Wort für Wort zu schreiben.

In solchen Momenten sollte keine Lehrerin versuchen, den Schüler zum ursprünglichen Thema oder zum innerlich gesteckten Ziel zu lenken. Mark wollte in diesem Augenblick schreiben. Er zeigte großes Interesse, die Wörter richtig zu schreiben. Mit einer solchen Motivation festigen sich auf diese Weise erlernte Wörter auch intensiver. Denn Mark assoziiert mit dem Wort „Traktor" ein besonders schönes Erlebnis.

5. Ausblick

Natürlich wird im Schulunterricht auch oft die Aufgabe gestellt, über ein schönes Erlebnis einige Sätze oder einen kleinen Aufsatz zu schreiben. Kinder wie Mark jedoch, die starke Schwierigkeiten haben, überhaupt einen Satz selbständig zu formulieren, sind damit ohne direkte und fortwährende Hilfestellung überfordert. Sie wissen zwar, was sie erzählen möchten, aber nicht, wie sie es schreiben müssen. Hier kann mittels einer Intensivförderung das notwendige Fundament gelegt werden. Denn Mark konnte an Ort und Stelle bestimmte Wörter erfragen und so seine Geschichte schreiben. Eine andere Möglichkeit, welche sich sehr bewährt hat, liegt in der Nutzung eines Kassettenrekorders, mit welchem man den vom Kind gesprochenen Aufsatz aufnimmt. Zurück bleibt ein schönes Erlebnis, welches ihm Mut macht und hilft, neue Motivation aufzubauen.

6. Literatur

ARENHÖVEL, F.: Computereinsatz in der Grundschule, Donauwörth 1994
ARENHÖVEL, F. / WILDE, M.: Hören – Sehen – Schreiben – Kontrollieren, Band 1, Münster 1982
BARTNITZKY, H.: Auf dem Weg zum differenzierten Schulalltag, Arbeitskreis Grundschule, Frankfurt 1983.
SASSENROTH, M.: Schriftspracherwerb – Entwicklungsverlauf, Diagnostik und Förderung, Bern 1991, S. 128ff.

8. Fördermöglichkeiten durch das Voltigieren bei Kindern mit Lernschwierigkeiten

BERNHARD RINGBECK

1. Problemaufriß

Die Zahl der Anmeldungen von Grundschulkindern an den Schulpsychologischen Beratungsstellen mit Verdacht auf Lese- und Rechtschreibschwierigkeiten ist nach wie vor sehr hoch. Neueren Schätzungen nach leiden etwa 10% aller Kinder an einer ausgeprägten Lese- und Rechtschreibschwäche (Neue Deutsche Schule, 1995, S. 6). Bei diesen Kindern wird oft schon von Seiten der Grundschule über mögliche Sekundärsymptome wie Schulangst, Schulunlust, Verhaltensauffälligkeiten, Bauchschmerzen, Kopfweh oder Konzentrationsprobleme berichtet; bei dem Erstgespräch (meistens mit der Mutter) häufig von einer problematischen Schwangerschaft, Frühgeburt oder Geburtskomplikationen wie Kaiserschnitt, Sauerstoffmangel, Geburtshilfe durch Saugglocke. In unseren Gruppen im Nachmittagsbereich (in der Regel fördern wir höchstens 4 Kinder in einer Gruppe) stellen wir vermehrt Wahrnehmungsstörungen und Bewegungsauffälligkeiten fein- sowie grobmotorischer Art fest. THEWALT (1994) schreibt dazu: „Aus zahlreichen internationalen wissenschaftlichen Untersuchungen geht hervor, daß es signifikante Zusammenhänge zwischen optischen, akustischen, sprechmotorischen, melodischen und rhythmischen Funktionsschwächen und den Lese- und Rechtschreibschwierigkeiten von Schulkindern gibt" (S. 287).

In dem folgenden Beitrag soll dargestellt werden, welche Unterstützungsmöglichkeiten der Einsatz des Pferdes im Voltigieren neben der LRS-Förderarbeit in der Grundschule oder Beratungsstelle bietet, um diesen Kindern adäquat bei der Aufarbeitung ihrer motorischen und wahrnehmungsgestörten Teilfunktionen zu helfen. Ebenfalls wird beschrieben, welche Möglichkeiten für die Grundschullehrerinnen bestehen, das Voltigieren auch für die eigene Schule nutzbar zu machen.

2. Lese- und rechtschreibschwache Kinder mit Wahrnehmungsstörungen und Bewegungsauffälligkeiten

Der ansteigende Trend bei unseren heutigen Kindern mit Auffälligkeiten in ihrer Wahrnehmung und Motorik läßt sich in den letzten Jahren bereits bei der Einschulungsuntersuchung feststellen (vgl. GARDEMANN, 1992, S. 147). So wurden z. B. in dem Schuljahr 1992 rund 20% der Jungen und 10% der Mädchen von den Lernanfängern durch Ärzte des Gesundheitsamtes in Münster zum Sportförderunterricht angemeldet.

KUNZ (1993) fand sogar bei einer Prä-Post-Untersuchung an 1.209 Frankfurter Grundschülerinnen und -schülern mit dem AST 6-11 (von BÖS & RENZLAND, 1987), daß die Kinder in dem Vergleichszeitraum von 1987 auf 1992 in nahezu allen Verfahren schlechtere Werte erzielten. Besonders ungünstig schnitten sie in der Ausdauer und der Körperkoordination ab.

Welchen Beitrag das Pferd im Rahmen des Voltigierens zur Aufarbeitung dieser motorischen und wahrnehmungsmäßigen Defizite zu leisten vermag, und welche Freude und Erfolgserlebnisse der Umgang mit einem Lebewesen in einer verständnisvollen Gruppe vermitteln kann, soll nun im folgenden aufgezeigt werden.

3. Die ganzheitliche Förderung durch den Einsatz des Pferdes im Voltigieren

Das Wort „voltigieren" wird aus dem französischen Wort „voltiger" hergeleitet. Es bedeutet so viel wie: am Pferd, auf dem Pferd und über das Pferd Schwünge und Sprünge machen. Wir verstehen heute unter „Voltigieren" eine Sportart, bei der ein entsprechend ausgebildetes Pferd als quasi lebendes „Übungsgerät" auf einem Zirkel (Kreis) von ca. 13 m Durchmesser ruhig schreitet oder galoppiert. In der Mitte des Zirkels steht ein für diese Sportart ausgebildeter Erwachsener, der das Pferd an einer Longe (Leine) um sich herum führt.

Die Gruppe der Voltigierer besteht aus zumeist 6–8 Kindern, die allein, mit einem oder zwei Partnern im Schritt oder Galopp gymnastisch-turnerische Übungen auf dem schmalen Pferderücken ausführen. Während einer Voltigierstunde wird sowohl auf der linken (das Pferd geht links herum) wie auch auf der rechten Hand voltigiert, nicht nur um die Pferdebeine vor einer einseitigen Belastung zu bewahren, sondern vor allem auch, um den Kindern vielfältige unterschiedliche Bewegungserfahrungen zu ermöglichen. Zusätzlich werden an und mit dem Pferd

Playback an der langen Longe

eine Reihe von Mitlaufübungen und Bewegungsspielen mit der ganzen Gruppe absolviert (vgl. RINGBECK, 1988). Auch ein dosierter Einsatz von Materialien, die in der Regel in jeder Reithalle vorhanden sind wie Stangen, Cavalettis (kleine Bodenricks, wie auf der Abbildung zu sehen), die auch schon mal als Sitzgelegenheit zu verwenden sind, ist Bestandteil des Übungsangebotes.

Eine Kindergruppe wartete auf den Cavalettis auf ihren Einsatz

Weitere Medien wie Sandsäckchen, Seilchen, Bälle, Piktogramme, Aufgabenzettel, ein Holzpferd, aber auch musikalische Untermalung können die Stunde zusätzlich bereichern und gewährleisten einen abwechslungsreichen, an den Bedürfnissen der Kinder orientierten Unterricht.

Weiterhin wird die gesamte Versorgung des Pferdes, so wie es der einzelne Reitstall ermöglichen kann, von den Kindern mitgestaltet und häufig gern übernommen. Bei der Vorbereitung des Pferdes für die Stunde, bei der Nachbereitung, bei anfallenden kleineren Stallarbeiten sind die Kinder mit einem Elan dabei, der häufig die zuschauenden Eltern erstaunt. Nicht selten fällt der Satz: „Würde unser Junge doch auch nur so fleißig wie hier sein Zimmer aufräumen oder so gewissenhaft seine Schultasche in Ordnung halten!"

Als zusätzliches Förderangebot für Kinder mit einer Lese- und Rechtschreibschwierigkeit erscheint mir das Pferd und die Sportart Voltigieren aus drei Gründen besonders prädestiniert zu sein.

3.1 Der Umgang mit einem Lebewesen

Der Mensch umgibt sich seit Jahrtausenden mit Tieren. Sie hatten ganz unterschiedliche Funktionen, von der Nahrungsquelle bis zum Schädlingsfänger oder Unterhalter. In der heutigen industrialisierten Gesellschaft, in der die meisten Menschen keinen direkten Kontakt mehr zur Natur haben, hat sich auch die Funktion der Tiere geändert. So gibt es immer mehr Haustiere, die ihren Besitzer ein Stück Natur in die zumeist engen vier Wände ihrer städtischen Wohnungen bringen, Tiere werden für das Wohlbefinden von älteren Menschen, die im Altersheim leben müssen, neu entdeckt (vgl. GÄNG, 1992). Auch der gesundheiterhaltende und persönlichkeitsbildende Wert durch einen gezielten Einsatz von Pferden im Therapeutischen Reiten mit seinen Unterteilungen in Hippotherapie, Heilpädagogisches Voltigieren und Reiten sowie Reiten als Sport für Behinderte wurde gerade in den letzten beiden Jahrzehnten stringent herausgearbeitet. National wird das Therapeutische Reiten mittlerweile in vielen Heimen, Kliniken, Sonderschulen, Tagesbildungsstätten, eigenen Fördereinrichtungen, Beratungsstellen bis hin zu Regelschulen angeboten, international nimmt die Entwicklung in Deutschland eine beachtliche Stellung und Vorreiterrolle ein.

Viele Kinder und Jugendliche wenden sich bei Problemen nicht selten an ihre Heimtiere. So werden Tiere in Einzelfällen als Therapie von Gerichten bei verhaltensauffälligen oder körperbehinderten Kindern anerkannt. In Münster entschied z. B. das Amtsgericht (AZ 48 C 140/91), daß ein querschnittsgelähmter Junge als psychische Hilfe einen Hund halten dürfe (vgl. spielen und lernen, 6/94). Viele Kinder wünschen sich einen Hund oder eine Katze als „Freund für die Seele", als „Hausgenossen", als „Streicheltier" oder einfach als „Kumpel". Zusätzlich steht die Sportart „Reiten und Voltigieren" bei den Kindern und Jugendlichen an allererster Stelle auf einer Beliebtheitsskala.

Ingo mit Fengur

In unseren Voltigiergruppen von der Beratungsstelle finden sich gehäuft Jungen, da auch bei den Anmeldezahlen das männliche Geschlecht stark dominiert. Im Umgang mit diesen Jungen beim Voltigieren stellen wir immer wieder fest, daß sie gerade im Alter zwischen 6–12 Jahren einen ähnlich starken Bezug zum Partner Pferd zeigen wie Mädchen.

Jungen scheuen sich nicht, Gefühle wie Zuneigung zu zeigen, so z.B. das Pferd bei der Ankunft liebkosen, es streicheln und freundlich zureden oder während der Voltigierstunde sich vor den Augen aller Gruppenmitglieder eine Schmuserunde wünschen, in der dem Pferd auf verschiedene Art von oben seine Zuneigung bekundet wird. Sie übernehmen Verantwortung für die Gesunderhaltung des Pferdes, lassen Vorsicht und Behutsamkeit im Umgang mit dem Pferd bei den zum Teil recht dynamischen Übungen wie Aufgängen und Positionswechseln auf dem Pferderücken walten oder sprechen offen an, wenn bei einem Kind ein weniger behutsames Vorgehen beobachtet wird.

Kann allein durch den Umgang mit dem Pferd bei vielen Kindern eine emotionale Befindlichkeit angesprochen werden, so ist weiterhin das Verhalten des Erwachsenen durch seinen pferdefachlichen und sicheren, vertrauenserweckenden Umgang mit dem Pferd und durch seine Einstellung und Handlungsweisen allen Kindern gegenüber von entscheidender Bedeutung. Achtung, Wärme, Rücksichtnahme sind keine Leerformeln, sondern müssen während jeder Voltigierstunde praktiziert werden. Dem Kind bei seiner Entwicklung Zeit lassen, es in Nuancen zur richtigen Zeit unterstützen, auf das Gute im Kind vertrauen und viel Ruhe und Geduld ausstrahlen, sind für mich die wichtigsten Komponenten, damit es nicht nur zwischen dem Pferd und dem einzelnen Kind emotional stimmt, sondern auch zwischen dem Erwachsenen und jedem Gruppenmitglied.

3.2 Die vielfältigen Bewegungsanlässe und -herausforderungen

Lassen sich die meisten Grundschulkinder über die Aussicht, während der Unterrichtszeit mit einem Pferd umgehen zu lernen, es reiten zu dürfen, für die Sportart Voltigieren begeistern – wohl kein Kind weiß in der Regel etwas mit dem Wort „Voltigieren" anzufangen –, bietet das Pferd ganz besondere Fördermöglichkeiten für unsere Zielgruppe.

Die klassischen Merkmale der Bewegung
– Koordination,
– Gleichgewicht,
– Beweglichkeit,
– Kraft,
– Gelenkigkeit,
– Schnelligkeit und Ausdauer

lassen sich in wesentlichen Bereichen durch das Voltigieren schulen, da sich allein durch das Sitzen auf dem schmalen Pferderücken im Schritt automatisch die dreidimensionalen Schwingungsimpulse des Pferdes (Vor- und Rückbewegung, Auf- und Abbewegung, Rechts-/Linksrotation) auf das Kind übertragen. Der regelmäßige und symmetrische Ablauf der Schwingungen ist dabei von entscheidender Bedeutung und erreicht beim Kind vielfältige lockernde, durchblutungsanregende und bewegungskoordinierende Effekte. Der Einsatz des Galopps wirkt auf die psychische Lage wohltuend und entkrampfend. Die Kinder wünschen sich häufig nur das Sitzen auf dem Pferd im Galopp. Hierbei kann die Galopp-Phase nicht lang genug sein, im Gesicht sieht man eine deutliche Zufriedenheit und Entspannung. Zusätzlich schulen die Vielzahl an Einzel-, Zweier- und Dreierübungen auf dem Pferderücken sowie eine breite Auswahl an Bewegungsspielen im Gruppenverband ein Bündel an motorischen Fertigkeiten und Fähigkeiten wie

„– ein hohes Gleichgewichtsgefühl in konstanter Antizipation und Reaktion auf die Bewegung des Pferdes;
– Sprungkraft und Stützkraft für Aufgänge, Abgänge und dem Wechsel von Positionen und Stützübungen sowie Spreizfähigkeit, Gewandtheit, Beweglichkeit und Reaktionsschnelligkeit;
– in Verbindung mit dem labilen Gleichgewicht und der geforderten Präzision in Haltung und Bewegung eine außergewöhnliche Anpassungsfähigkeit" (RIEDER, 1978, S. 19).

Hinzu kommt noch die Förderung der Seitigkeit (Lateralität) und der Balance der linken und rechten Gehirnhälfte – der Voltigierer muß sich innerhalb einer Stunde durch einen Handwechsel des Pferdes mehrfach in seinen gesamten Bewegungsausführungen umstellen. Er praktiziert so bei den Kindern ein häufiges Überkreuzen der Mittellinie mit seinen Armen und Beinen, so wie wir es aus der Edu-Kinesthetik her kennen. Die Richtungsorientierung wird durch vielfältige Aufgabenstellungen zur Links-rechts-Orientierung gefördert.

Während der Voltigierstunde, die meistens über einen Zeitrahmen von 60 Minuten geht – für die Vorbereitung und Nachbereitung des Pferdes müssen nochmals 30 Minuten hinzugerechnet werden –, werden all die hier aufgeführten Komponenten stetig in wechselnder Anforderung geschult und verbessert. Die Kinder werden nicht nur ausschließlich beim Sitzen auf dem Pferd, sondern während der gesamten Voltigierzeit durch zusätzliche kleinere Aufgabenstellungen und Bewegungsspiele an und mit dem Pferd, durch das Konzentriertsein auf das Unterrichtsgeschehen in ihrer Gesamtpersönlichkeit in einer wirklichkeitsnahen und erlebnisintensiven Situation, die rein äußerlich frei von schulischen Anforderungen oder Therapiebedingungen stattfindet, gefordert und gefördert.

3.3 Der Aufbau eines stabilen Selbstwertgefühles und einer Leistungsbereitschaft mit Zutrauen in die eigenen Fähigkeiten im Rahmen einer sozialen Lerngruppe

Gerade für lese- und rechtschreibschwache Kinder, die in ihrer noch jungen Schulkarriere schon häufig mit Versagenssituationen und Mißerfolgserlebnissen trotz ständigen Bemühens und Wollens konfrontiert worden sind, ist es von enormer Bedeutung, daß ihnen ein Rahmen angeboten wird, in dem sie in einer vertrauten Gruppe viele Erfolgserlebnisse vermittelt bekommen und Bestätigungen ihres Könnens erfahren. Wie schwer es auch bereits Grundschulkindern fällt, den schulischen Hintergrund zu vergessen, erlebt man bei den Fragen nach einer Zeugnisnote für das Voltigieren oder der Frage nach der besseren Note im Vergleich mit den anderen Voltigierern.

Hier beim Voltigieren fangen alle Kinder unter den gleichen Bedingungen an. Sie erleben unmittelbar, quasi hautnah, wie befriedigend der Umgang mit einem braven und verläßlichen Pferd ist, wie die Anforderungen auf dem Pferd von jedem einzelnen eine hohe Konzentration und Leistungsbereitschaft erfordert, die nicht selten bis zur Grenze des Zumutbaren und selbst eingeschätzten Leistungsvermögens geht. Sie erleben angstbesetzte Situationen, über die man spricht oder von anderen Hinweise erhält, wie man sie meistern kann. Sie erfahren eine Bestätigung ihres Könnens durch Anerkennung von seiten der Gruppenmitglieder. Sie trainieren permanent kooperatives Verhalten bei den Partnerübungen durch engsten Körperkontakt und koordinierten Einsatz bei Zweier- und Dreier-Übungen auf dem

„Aufstiegshilfen"

Pferd, durch die ständige Forderung des gegenseitigen Helfens, so z. B. beim Aufgang auf das Pferd oder durch gemeinsame Absprachen für die gesamte Gruppe, bei der Planung von Spielen, Übungen, aber auch bei den Überlegungen für Konsequenzen für nicht angemessenes Verhalten dem Pferd oder einem Gruppenmitglied gegenüber.

Dieses so entstehende „Wir-Gefühl", das verständnisvolle Eingehen des Voltigierpädagogen auf die Besonderheiten jedes einzelnen Kindes, der vertrauensvolle Umgang mit dem Pferd und die Kontinuität in der wöchentlichen Durchführung der Voltigierstunde trägt zum wesentlichen dazu bei, daß die Kinder sehr gern zum Voltigieren kommen. Sie lassen so gut wie nie eine Stunde ausfallen. Sie malen Bilder über das Unterrichtsgeschehen und berichten den Klassenkameraden, der Klassenlehrerin begeistert von ihren neuen Kunststücken (Übungen) und dem tollen Pferd. Fast immer bringen sie etwas für das Pferd mit. Diese eine Stunde trägt für die ganze Unterrichtswoche. Die Begeisterung hält auch über einen langen Zeitraum an.

4. Anwendungsmöglichkeiten des Voltigierens im Grundschulbereich

In meiner schulpsychologischen Arbeit setze ich das Pferd im Rahmen des Voltigierens seit 10 Jahren für Grundschulkinder mit Lese- und Rechtschreibschwierigkeiten ein. Das Angebot wird als zusätzliche Fördermöglichkeit für bestehende LRS-Gruppen innerhalb der Schule gesehen, oder es kommen Kinder mit der hier geschilderten Problematik in bereits bestehende Voltigiergruppen aus dem heilpädagogischen Bereich. Bei allen Kindern wurde bisher eine deutliche Steigerung ihres Selbstwertgefühles, eine größere Sicherheit im Umgang mit ihrem Körper (Gleichgewicht/Koordination), eine Verbesserung in ihrem prosozialen Verhalten und größere Freude ganz allgemein am Lernen in der Schule von seiten der betreffenden Klassenlehrerinnen sowie Eltern festgestellt. Kein Kind hat dieses Angebot vorzeitig abgebrochen. Mehrere Kinder konnten in bestehende Voltigiergruppen weitervermittelt werden, einige brachten es sogar zu ganz beachtlichen Leistungen in Wettkampfgruppen. Ähnlich gute Erfahrungen aus der Grundschularbeit werden auch von anderen Fachleuten berichtet.

Voraussetzungen für diese Erfolge aber sind, daß
- ein Reiterverein in nicht allzu weiter Entfernung von der Grundschule sein zuverlässiges und gut ausgebildetes Voltigierpferd und die Reithalle zur Verfügung stellt, in der Regel sind gerade am Vormittag die Hallen so gut wie gar nicht belegt,
- das Voltigieren kontinuierlich über ein ganzes Schuljahr einmal die Woche für 90 Minuten auf freiwilliger Basis angeboten werden kann,
- die Lehrkraft eine pädagogische und qualifizierte voltigiersportliche Ausbildung nachweist (hierbei kann es von enormen Vorteil sein, wenn die Klassenlehrerin gleichzeitig eine reiterliche Ausbildung besitzt),
- der Unterricht sich an den Bedürfnissen und Schwierigkeiten der Teilnehmer orientiert und frei von Konkurrenzdenken und Vergleichen der Kinder untereinander verläuft,
- eine Finanzierung möglich ist, die auch sozial schwächeren Kindern (z. B. über den Förderverein der Schule) die Teilnahme erlaubt. Die Benutzung des Pferdes und der Reithalle sollte in der Regel nicht mehr als 20 DM für 60 Minuten umfassen. Viele Vereine sehen es auch als ihre soziale Verpflichtung an, auf diesem Gebiet einen Beitrag zu leisten. Der Aspekt einer Nachwuchsförderung in der Jugendarbeit ist ebenfalls nicht von der Hand zu weisen.

In den letzten Jahren wird verstärkt darauf hingearbeitet, das Voltigieren auch für Grundschulen nutzbar zu machen. Die Deutsche Reiterliche Vereinigung e.V. (FN), Freiherr-von-Langen-Str. 13, 48204 Warendorf, bietet als Dachverband allen interessierten Lehrkräften ein Weiterbildungsangebot unter der Thematik „Voltigieren/Reiten als Schulsport" an (vgl. Deutsche Reiterliche Vereinigung, 1994). Diese

Veranstaltungen sind mittlerweile in mehreren Bundesländern in den Fortbildungskatalog der unteren und oberen Schulaufsicht aufgenommen worden. Die Lehrkräfte erhalten Dienstbefreiung, und die Lehrgänge finden je nach Bedarf in den verschiedenen Landesreiterverbänden statt. Die letztgenannten Einrichtungen helfen auch konkret bei der Umsetzung an interessierten Schulen.

Es besteht somit die Möglichkeit, den Einsatz des Pferdes unter verschiedenen Gesichtspunkten für möglichst viele Schulen nutzbar zu machen, um einmal den persönlichkeits- und gesundheitsfördernden Aspekt zu verbreitern und zum anderen die Freude und Begeisterung im Umgang mit Pferden immer mehr Kindern und Jugendlichen zu ermöglichen.

Die Kinder danken „Playback"

5. Literatur

Deutsche Reiterliche Vereinigung (Hrsg.): Dokumentation. Neue Wege zum Pferd für Kinder und Jugendliche. Herausforderung für Schule, Verein und Kommune. FN, Warendorf 1994

GÄNG, M. (Hrsg.): Mit Tieren leben im Alten- und Pflegeheim, München/Basel 1992

GARDEMANN, J.: Motopädagogisch-psychomotorische Förderung an der Schule für Erziehungshilfe in Münster. In: Praxis der Psychomotorik, Heft 3/1992

KIPHARD, E. J.: Über die Notwendigkeit ganzheitlicher Unterrichtskonzepte in sonderpädagogischen Förderklassen für wahrnehmungs- und bewegungsbeeinträchtigte Kinder. In: Praxis der Psychomotorik, August 1993

KÖHLER, R.: Förderung der visuellen Wahrnehmung mit dem Geo-Brett. In: Grundschule, 5/1994

KUNZ, T.: Weniger Unfälle durch Bewegung. Schorndorf 1993

Neue Deutsche Schule, Heft 6, 1995

RIEDER, U.: Sozialisationsmöglichkeiten beim Voltigieren. Südwest Aktuell, 1/1978

RINGBECK, B.: Heilpädagogisches Voltigieren zur Förderung bewegungsauffälliger Kinder. In: Praxis der Psychomotorik, 13/1988

RINGBECK, B.: Psychomotorische Förderung bewegungsauffälliger Kinder durch Heilpädagogisches Voltigieren, In: GÄNG, M. (Hrsg.): Heilpädagogisches Reiten und Voltigieren. 3. Aufl., München/Basel 1994

spielen und lernen (1994): Heft 6, S. 8

THEWALT, B.: Untersuchungen zur Prävention von Schreib-Leselernschwierigkeiten mit der Differenzierungsprobe (DP) von Breuer/Weuffen. In: HANCKEL, CH. u.a. (Hrsg.): Psychologie Macht Schule. Kongreßbericht der 10. Bundeskonferenz 1992 in Heidelberg, Bonn 1994

Verband der Reit- und Fahrvereine NRW (Hrsg.): Reiten und Voltigieren im Schulsport, Münster 1994

9. Computereinsatz in der Förderung von lese- und rechtschreibschwachen Kindern

In den Kultusbehörden der Bundesländer gibt es ein ambivalentes Verhalten gegenüber dem Computereinsatz in der Grundschule.[1] Nur sieben Länder genehmigen den Einsatz des Computers in der Grundschule. Ein striktes „Nein" kommt aus vier neuen Bundesländern (Ausnahme: Brandenburg), aus Baden Württemberg, Bremen, Nordrhein-Westfalen und aus dem Saarland (ARENHÖVEL, 1994, S. 18). Ähnlich ist die Haltung in der Lehrerschaft. Eine große Gruppe lehnt die Neue Technologie generell ab, eine andere steht dem Computereinsatz abwartend gegenüber, während eine größer werdende Anzahl von Lehrerinnen und Lehrern erste Erfahrungen sammeln, indem sie Rechner mit in den Unterricht nehmen. Indikator für das wachsende Interesse der letzten Gruppe ist, daß die Hemmschwelle zur eigenen Nutzung bei vielen Lehrerinnen und Lehrern sinkt. Kolleginnen und Kollegen, die den Computer in der häuslichen Arbeit nutzen, sind eher bereit, die Neue Technologie mit in den Unterricht zu nehmen. Immer mehr Lehrerinnen und Lehrer kommen zu uns in die Schule, um sich die Arbeit „vor Ort" anzuschauen. Die Zahl der Lehramtsstudentinnen und -studenten steigt, die ihre Examensarbeit über die Möglichkeiten des Computers schreiben und Beobachtungsaufgaben an der Margaretenschule durchführen. Innerhalb des Kollegiums war ich zunächst ein „Einzelkämpfer", z. T. mißtrauisch beobachtet von den Kolleginnen und Kollegen. Doch jetzt stehen nach der anfänglichen Zurückhaltung in sieben von acht Klassen der Margaretenschule die Computer und werden regelmäßig von den Kindern genutzt.

Ich habe mich 1989 entschlossen, trotz des Verbots unserer Kultusbehörde die Neue Technologie dennoch in der Förderung von lese- und rechtschreibschwachen Kindern einzusetzen. Wir nutzen die Computer als „komfortable" Schreibmaschinen im Sinne von Celestine FREINET. Diese Möglichkeit wird sogar von dem Kultusministerium NRW toleriert.

---

1 Für die Recherchen für mein Buch „Computereinsatz in der Grundschule" schrieb ich 1992 alle Kultusbehörden der Bundesrepublik an und fragte nach, ob der Computer im Unterricht eingesetzt werden darf. Bayern, Brandenburg, Hamburg, Hessen, Niedersachsen, Rheinland-Pfalz und Schleswig-Holstein erhoben keine Einwände. Aus Berlin kam keine Rückmeldung.

1. Vorteile des Computereinsatzes

Ein Großteil der lese- und rechtschreibschwachen Kinder hat feinmotorische Probleme. Das Schriftbild der Kinder ist unleserlich, undeutlich und verkrampft (siehe auch Kapitel 6). Auf dem Monitor erscheint die Schrift immer gleichbleibend gut strukturiert und lesbar. „Im Gegensatz zum Schreiben mit der Hand oder der Schreibmaschine bieten sie (Anmerkung: die Computer) dem Benutzer die Möglichkeit, Texte in unterschiedlichen Stadien festzuhalten und weiter zu bearbeiten. Der Computer eignet sich folglich gerade zum Schreiben und Bearbeiten von Texten, die veröffentlicht oder von anderen gelesen werden sollen" (NAEGELE, 1994, S. 109). Durch das bloße Tippen wird die Mühe, die die Kinder mit dem Schreiben haben, maximal entlastet. In einer – nicht repräsentativen – Befragung an unserer Schule war dies für die Kinder ein wichtiges Argument, am Computer schreiben zu wollen.

Fehler sind leichter zu entdecken als in einem schwer leserlichen handschriftlichen Text. Partner- und Gruppenarbeit bei der Produktion und Überarbeitung von Texten werden durch den Monitor erleichtert. Durch den Drucker kann Schreiben schon früh als Publizieren begriffen und praktiziert werden. Rechtschreibschwache Kinder profitieren von der Möglichkeit, „sich der Rechtschreibung in einem späteren Durchgang durch ihren Text gesondert zuwenden zu können" (KOCHAN/HERZ, 1988, S. 26).

Wir Lehrerinnen und Lehrer wissen, daß Schreibanfänger, aber auch Kinder mit einer Lese- und Rechtschreibschwäche ein diktiertes Wort vor sich hersprechen. Die Kinder brauchen die Bewegung der Mundmotorik, um die Phoneme in die Grapheme umzusetzen.[2] Das hilft, die Lautzusammensetzung des Wortes zu präzisieren. Beim Aufschreiben wandeln die Kinder die Phoneme in Grapheme um, das Wort erscheint. Schreiben die Kinder am Computer, konzentrieren sie sich auf das Suchen (hier wird noch eine optische Analyse verlangt, allerdings mit der Einschränkung, daß die Buchstaben auf der Tastatur mit Großbuchstaben belegt sind) und auf das Aneinanderschieben der Grapheme. Sie nutzen die „Pilotsprache" (Begriff bei BETZ/BREUNINGER)[3], um die Lautstruktur zu erschließen. Unsere Erfahrungen zeigen, daß bei dieser Art des Schreibens die Kinder signifikant weniger Fehler machen. Das gilt nicht für den Bereich der Regelfehler, sondern für die phonematischen Fehler. Buchstabenauslassungen, Hinzufügungen und Verdrehungen kommen seltener vor. Ein Grund dafür ist, daß die gedankliche und motorische Einheit verquickt ist: Buchstabe = Tastendruck. „Den Schreibfluß (d. h. das In-Schrift-Bringen des zu äußernden Bewußtseinsinhalts) muß das Kind bei ortho-

---

2 L. K. NASAROVA demonstrierte 1952 in einem Experiment, „daß sich die Fehlerzahl auf das Sechsfache (!) erhöht, wenn das Vorsichhersprechen unmöglich gemacht wird (zum Beispiel: indem der Schüler angewiesen wird, mit offenem Mund zu schreiben oder die Zunge zwischen den Zähnen festzuhalten" (zit. nach BRÜGELMANN/BALHORN 1990, S. 51).
3 Pilotsprache bedeutet, daß die Sprache das Kind beim Schreiben so führt wie der Pilot sein Flugzeug.

grafischer Unsicherheit nicht mehr unterbrechen. Es erzeugt ja erst noch ein veränderbares Zwischenprodukt" (KOCHAN/HERZ, 1988, S. 26).

Bei Kindern mit einer Lese- und Rechtschreibschwäche haben sich aufgrund der vielen Mißerfolge Aversionen gegenüber der geschriebenen Sprache entwickelt. Diese Aversionen können so weit gehen, daß die Schülerinnen und Schüler nicht mehr bereit sind, etwas Schriftliches zu Papier zu bringen. Der Computer ist mit der entsprechenden Software für diese Kinder so interessant, daß sie sich wieder mit der Schriftsprache auseinandersetzen, indem sie Texte eingeben und ausdrucken. Auch Übungsprogramme werden von diesen Schülerinnen und Schülern gern genutzt.

Unterrichten heißt für mich als Lehrperson auch, das zu wissen, was das Kind noch nicht weiß bzw. was es schon beherrscht. In immer größer werdenden Klassen ist es kaum möglich, sich ein korrektes Bild vom Wissenstand eines jeden Kindes zu machen. Hier greift ein gewichtiges Argument für den Computereinsatz. Die Software ist in der Lage, die Diagnose der Schülerleistungen, die ein unverzichtbares Instrument für den Unterricht ist, durchzuführen. Erst die Analyse von Schülerfehlern ermöglicht es dem Lehrer, Lernschwierigkeiten zu erkennen und daraufhin gezielte unterrichtliche Maßnahmen zu planen.

Bei meinen 26 Schülern in der Klasse ist es kaum möglich, sich zu vergewissern, welche Fehler (noch) auftreten. Das nach einer Übung abrufbare Fehlerprotokoll weist – unbestechlich und genau – darauf hin, wo noch eine zusätzliche Förderung erfolgen soll. Das Fehlerprotokoll hilft mir, eine zielgerichtete Diagnose zu erstellen.

In der Eile des Unterrichts bleibt vieles unbemerkt, das dem Lehrer helfen könnte, dem Kind zu helfen. Vieles, was den Gang des Unterrichts stört, bleibt unverstanden. Der Lehrer hat nicht Zeit nachzufragen, warum Bernhard das letzte Wort so verkritzelt hat und nun das ganze Blatt zerreißt.

Zeit zum Aufspüren von Lernschwierigkeiten ist aber gerade im Grundschulunterricht nötig. Oft sind die Probleme klein und können sofort behoben werden. Bleiben sie unerkannt, wachsen sie sich aus. Mißerfolg – Enttäuschung – Verunsicherung – Schwierigkeiten beim nächsten Lernschritt – neuer Mißerfolg pendeln sich hoch. Der Teufelskreis des Schulversagens kommt schnell in Gang und ist schwer wieder zu stoppen.

In der Diagnose geht es nicht nur um Defekte und deren Reparatur, sondern ebenso um Stärken und ihre besondere Förderung. RADATZ sieht in Schülerfehlern Bilder individueller Schwierigkeiten (RADATZ/SCHIPPER, 1983, S. 71). Übung und Förderung haben dann Aussicht auf Erfolg, wenn sie am Einzelschüler oder an einer Lerngruppe orientiert sind und eng an den individuellen Defiziten (Stärken) erfolgen.

Dabei kann mir aber der Computer helfen: Wenn die Software ein aussagekräftiges Fehlerprotokoll erstellt, kann ich meinen individuellen Förderplan für jedes Kind erstellen und so alle Kinder nach ihren Fähigkeiten fördern.

Die Software, die wir in der Förderung lese- und rechtschreibschwacher Kinder ein-

```
Fehlerprotokoll für Benny in der Übung Aufbau-Übung:

richtiges Wort    1. Versuch      2. Versuch      3. Versuch     Hilfe
- - - - - - - - - - - - - - - - - - - - - - - - - - - - - - - - - - - - -
Fenster           Fensta          Fenster
Gabel             Gadel           Gabel
Fisch             Füsch           Vüsch           Fisch
Finger            Finga           Finger
Flasche           Flasche
Haus              Haus
Geld              Gelt            Geld
Glas              Glaß            Glas
Hund              Hund
Katze             Kater           Katze
Kuh               Ku              Kuu             Kuh
Löffel            Löfel           Löfell          Löffel
```

Das Fehlerprotokoll von Benny aus dem Programm „Lesemeister"

setzen, läßt sich so einstellen, daß jedes Kind **sein** individuelles Programm serviert bekommt. Das ist im „normalen" Unterricht sehr zeitaufwendig und kaum leistbar.

Dazu einige Beispiele:

Constantin aus dem 2. Schuljahr hat noch große Schwierigkeiten mit der Synthese. In den LESE- und RECHTSCHREIBMEISTER habe ich in die Datei „Silbenlesen" zweisilbige Wörter mit dem Lautbestand Konsonant-Vokal-Konsonant-Vokal (z. B. Nase, Lama etc.) eingegeben. Er bekommt auf dem Bildschirm die Silben präsentiert, die er richtig zusammensetzen muß.

Vera aus dem 4. Schuljahr kann sich die Groß- und Kleinschreibung von der Grammatik her nicht erschließen. Ihre Fehlersyndrome zeigen, daß sie oft Verben und Adjektive mit großen, Nomen mit kleinen Anfangsbuchstaben schreibt. In die Datei „Buchstabensalat" des LESE- und RECHTSCHREIBMEISTERS habe ich Nomen, Verben und Adjektive eingegeben, die alle in Großbuchstaben auf dem Bildschirm erscheinen. Vera muß, bevor sie das Wort eingibt, entscheiden, um welche Wortart es sich handelt. Anschließend erfolgt ein graphomotorischer Vollzug, indem sie das Wort ins Heft schreibt. Dabei nutzen wir die Möglichkeit des Laufdiktates, damit die Schreibweise der Wörter- zumindest kurzzeitig – gespeichert sind: Ihr Heft liegt an einem anderen Ort im Klassenraum.

Mark übt das nächste Diktat, das geschrieben wird, am Computer. Im Untermenü „Codik 40" des Programms „PC3" erscheint der Text, den ich eingegeben habe, zei-

*lenweise. Nach 10 Sekunden verschwindet ein Wort aus der Zeile. Dieses Wort muß
Mark in den Computer eingeben. Bei richtiger Lösung erscheint die nächste Zeile.*

*Angela arbeitet mit dem Rekonstruktionsprogramm „Story Corner". Sie übt die
Schreibweise von Wörtern mit dem Suffix „-ung". Auf dem Bildschirm erscheinen
folgende Übungen:*
kleiden – die …
meinen – die …
…

*Angela gibt die Schreibweise der Nomen ein. Anschließend schreibt sie die Wort-
gruppen ins Heft. Dabei wird wieder das Laufdiktat verlangt.*

Unsere bisherigen Erfahrungen zeigen: Durch den Einsatz des Computers bei lese-
und rechtschreibschwachen Kindern lernt der Schüler für sich und nur das, was er
noch nicht kann. Das Lernen ist effizient und anregend. Während ein Kind mit dem
Computer arbeitet, werde ich frei, um mich intensiv mit einem anderen Schüler zu
beschäftigen.

Julica am Computer

2. Grenzen des Computereinsatzes

Im ersten Teil meiner Ausführungen habe ich die Vorteile des Computereinsatzes beschrieben. Aber es gibt auch in der Förderung von lese- und rechtschreibschwachen Kindern Situationen, in denen der Computereinsatz nicht gerechtfertigt ist. Diese Restriktion bezieht sich aber ausschließlich auf Software, die den Bedingungen eines adressatengerechten Förderunterrichts nicht entspricht.

Im folgenden möchte ich durch zwei Beispiele aus dem Softwareangebot ausführen, wie didaktische Unzulänglichkeiten lese- und rechtschreibschwachen Kindern mehr schaden denn helfen:

1. In einem Programm wird ein Wort vorgegeben. Nach 10 Sekunden (die Zeit ist nicht vom Lehrer einstellbar) verschwindet es vom Bildschirm. Das Kind soll es nachschreiben.

Eidetiker – Kinder, die das Wort ganzheitlich auffassen, ohne es lesen zu müssen – haben mit dieser Aufgabe keine Schwierigkeiten, wohl aber mit dem Text, der auf dem Bildschirm erscheint:

Benjamin, merke Dir das Wort gut!
Es verschwindet gleich.
Schreibe danach das Wort auf!

folgen

Benjamin gibt das Wort ein, es erfolgt keine Rückmeldung, ob er das Wort richtig oder falsch geschrieben hat. Hier wird eine Eigenschaft, bei der der Computer allen anderen Medien (auch den Lehrpersonen) gegenüber überlegen ist, nicht genutzt: Die sofortige Rückmeldung, die, so ODENBACH, den Lernenden in seinem Verhalten verstärkt (ODENBACH, 1977, S. 123). Erst nachdem alle acht weiteren Aufgaben gelöst sind, werden die falsch gelösten noch einmal präsentiert. Wenn Benjamin nunmehr wieder das Wort nicht richtig schreibt (vielleicht war es ein Versehen), kommt – in kleiner Schrift – folgende „Hilfe":

Wortschatz (Aufschreiben)

Hier sollst Du das Wort, das Du siehst in das leere Feld schreiben.
Schau dir das Wort erst genau an, denn es wird bald versteckt, und Du mußt es auswendig schreiben.
Laß Dich nicht aus der Ruhe bringen!
Viel Erfolg!
So etwas kannst Du auch mit Deinem Lesebuch üben. Schlage einfach eine Seite auf, schau Dir ein Wort an und decke es wieder zu. Wenn Du das Wort dann auswendig aufschreiben kannst, bist Du schon eine sehr gute Schreiberin oder ein sehr guter Schreiber!

(Anmerkung: Der Text wurde wortwörtlich übernommen, also mit Kommafehler und Verstoß gegen die Groß- und Kleinschreibung.)

Das lese- und rechtschreibschwache Kind ist aufgrund seiner Störung gar nicht in der Lage, den Text zu lesen (geschweige denn zu verstehen). Im Begleittext dieses Programmes ist erwähnt, daß Regeln und Hilfen den Kindern Problembereiche von verschiedenen Seiten her erschließen sollen. Dazu betonen BALHORN und VIELUF: Die „grenzen der lehrbarkeit ortografischer regeln" sind eng. Sie weisen auf die „eigenaktivität im regelbildungsprozeß – sowohl in seinen momenten des befolgens wie auch des erkennens" hin (BALHORN/VIELUF, 1986, S. 11). Gerade lese- und rechtschreibschwache Kinder können ein Regelwissen nicht für die Rechtschreibung nutzen. „Regeln werden von den Kindern normalerweise nicht als Merksätze auswendig gelernt. Sie entdecken die Regeln in Wörtern, denen sie gewissermaßen ,eingeschrieben' sind. Wie Sprachlernen überhaupt, so ist auch der Erwerb der Orthographie über weite Strecken ein intuitiver, d. h. nicht von außen gesteuerter Lernprozeß. ... Häufig können Kinder Rechtschreib,regeln' im Sinne von Merksätzen erst dann verstehen, wenn sie diesen regeln bereits intuitiv folgen" (MAY, o. J., S. 16 f.).

Zwei weitere Kritikpunkte:
– Die Zeit, in der das Wort auf dem Bildschirm präsentiert wird, läßt sich nicht verändern.
– Die Wörterliste ist von den Autoren vorgegeben. Ein kindbezogener Wortschatz kann nicht eingegeben werden.

2. Im gleichen Softwareprodukt sind die Wörter auf dem Bildschirm wie folgt sichtbar:

           d
Wan_
           t

Das Kind muß entscheiden, ob das Wort im Auslaut mit „d" oder „t" geschrieben wird. Die „Leistung" des Kindes besteht darin, den letzten Buchstaben eines Wortes einzugeben. Ich halte Übungen, die mit Lückenwörtern arbeiten, in denen die Kinder nur die entsprechenden Buchstaben eintragen müssen, für äußerst fragwürdig. Dieses Eintragen hat nichts mit einem Rechtschreibtraining zu tun, das Ganzwort wird nicht geschrieben. Ein wichtiger Lösungsweg für den Rechtschreiberwerb fehlt: Der Weg über die schreibende (tippende) Hand (ARENHÖVEL, 1994, S. 58).

Das Inhaltsverzeichnis des Programms sieht so aus:
1. d oder t?
2. e oder ä? eu oder äu?
3. s – ss – ß ?
4. i – ie – oder ih?
etc.

Hier wird eindeutig gegen wichtige Prinzipien der Rechtschreibdidaktik verstoßen. Das gleichzeitige Üben von klangähnlichen Wörtern erfreut sich in vielen Lehrbüchern, Sprachbüchern, Arbeitsmaterialien und Computerprogrammen größter Beliebtheit. Auch bei der Behandlung von Rechtschreibbesonderheiten geht man diesen Weg. Man ordnet das Wortmaterial nach Stoffgebieten und macht Regelmäßigkeiten durch die Gegenüberstellung klangähnlicher Wörter bewußt.

Dabei gibt es kaum eine zuverlässigere Methode, Rechtschreibfehler zu produzieren. Sollen nämlich ähnliche Inhalte aufgenommen werden, behindern sich diese bei der Verankerung im Gehirn gegenseitig. In der Rechtschreibdidaktik ist dieses Phänomen als Ranschburgsche Hemmung bekannt. Die Gegenüberstellung von Wörtern mit s – ss – ß führt erfahrungsgemäß bei Kindern mit einer Lese- und Rechtschreibschwäche im nachfolgenden Unterricht zu Gedächtnisstörungen und damit zu unvermuteten Fehlerhäufungen (ARENHÖVEL, 1994, S. 58.).

3. Vorgaben zur Programmgestaltung

Viele Programme sind von Programmierern geschrieben worden, die sich in der Didaktik und Methodik der Grundschule nicht auskennen. Diese Software liefert bunte Farben und Animation, der Lerneffekt ist aber äußerst dürftig. Andere Programme sind von Lehrerinnen und Lehrern entwickelt worden, die über gute methodische und didaktische Kenntnisse verfügen, aber nicht programmieren können. Ich bin der Meinung, daß ein kindgerechtes Programm nur dann entstehen kann, wenn drei Gruppen gleichrangig daran arbeiten:

1. Eine Lehrperson, die den methodisch-didaktischen Rahmen festlegt,
2. ein Programmierer, der die Vorgaben in eine Programmsprache umsetzen kann,
3. Kinder, die das Programm ausprobieren und auf Unzulänglichkeiten hinweisen. Ich hatte bei vielen Programmen, die für die Grundschule angeboten werden, das Gefühl, daß die Entwicklergruppe nicht vollständig war (ARENHÖVEL, 1994, S. 31).

4. Computerprogramme, die wir einsetzen

Einige Computerprogramme, die wir mit Erfolg in der Förderung von lese- und rechtschreibschwachen Kinder einsetzen und empfehlen können, seien an dieser Stelle genannt:

Im **LESEMEISTER** sind zahlreiche, zum Teil bildunterstützte Übungen zum Lesenüben und zur Förderung von lese- und rechtschreibschwachen Kinder vorhanden. Eine ausführliche Bewertung und ein differenziertes Fehlerprotokoll helfen bei der Diagnose der Schülerleistungen. Das Wortmaterial kann bei bildunabhängigen Übungen beliebig erweitert werden. Dieses Programm wurde an der Margaretenschule entwickelt.

Der **LESE- und RECHTSCHREIBMEISTER** ist die Ergänzung und Erweiterung des **LESEMEISTERS**. Er ist einsetzbar für die 2.–6. Jahrgangsstufe sowie für lese- und rechtschreibschwache Kinder. Auch dieses Programm beinhaltet eine ausführliche Bewertung und ein differenziertes Fehlerprotokoll. Anhand des Protokolls kann eine genaue Analyse der Fehlerarten und somit eine individuelle Förderung durchgeführt werden. Das Wortmaterial kann beliebig verändert werden. Auch dieses Programm ist an der Margaretenschule entwickelt worden.

Das **Kreuzworträtsel-Programm** ermöglicht es, eigene Kreuzworträtsel am Bildschirm zu erstellen und abzuspeichern sowie zuvor erstellte Rätsel am Bildschirm oder in ausgedruckter Form zu lösen. Die Kinder entwickeln gemeinsam neue Rätsel und erweitern schon gespeicherte. Dieses Programm kommt ebenfalls aus der Margaretenschule.

BUDENBERG-Programme sind für den Förderunterricht an Sonderschulen konzipiert und stellen die sonderpädagogischen Prinzipien der Motivation, Anschauung, kleine Schritte, sofortige Leistungsbestätigung, Erfolgssicherung und Übung in den Vordergrund. Die Programme nutzen die grafischen Möglichkeiten eines Computers (Hardware-Voraussetzung: EGA oder VGA Grafikkarte) und trainieren nur einen engen didaktischen Bereich (SCHLEISIEK, 1992).

KAROLUS 1 und 3: Die Autorinnen des Kieler Leseaufbaus und Kieler Rechtschreibaufbaus, Frau Dr. DUMMER-SMOCH und Frau HACKETHAL, entwickelten eine Lernsoftware für das Fach Deutsch. Drei unterschiedliche Programme üben Wörter, die in Dateien vorgegeben sind. Bei den Wortvorgaben sind die Schwierigkeitsgrade in der Wortstruktur konsequent beachtet worden. Die Dateien können durch eigene Eingaben ergänzt werden. Wichtigster Bestandteil dieser Software ist das Zerlegen von Wörtern in Silben, das in den Übungen „Silbenboote" und „Silbenblitz" angeboten wird.

COKOS 1 und COKOS 2: (= Computerunterstützte Kommunikation) Beide Programme sind vom Psychologischen Institut der FU Berlin entwickelt worden. Sie enthalten Programme auf Wort- und Morphemebene. Grundlage ist ein Grundwortschatz, der in verschiedenen Spielformen geübt wird.

STORY CORNER: Dieses Programm wurde für die Sekundarstufe I entwickelt und ermöglicht die Herstellung, Bearbeitung, Rekonstruktion und den Ausdruck eines Textes. Es ist aber auch in der Grundschule gut einsetzbar.

Textverarbeitungsprogramm PC-Profi-Text und PC-Profi **Kontoführungsprogramm** der Sparkasse. Das Textverarbeitungsprogramm hat Optionen wie Fettdruck, Kursivdruck und Blocksatz, die mit Hilfe der Funktionstasten vom Bildschirm aus aufgerufen werden können. Auch Grundschulkinder können diese Funktionen benutzen. Das Kontoführungsprogramm ist ein Simulationsprogramm.

Der Schüler verwaltet „sein" Konto. Buchungen und Abbuchungen können durchgeführt werden.

An der Universität Reutlingen ist von Prof. NESTLE und Oberstudienrat SCHAIBLE das Projekt „Computer in Sonderschulen" (COMISOFT) eingerichtet. Hier wurde **PC3** entwickelt. Dieses Programm läßt sich im Sprachunterricht und im Förderunterricht im Bereich Lesen und Schreiben einsetzen. Es ist ein Rekonstruktionsprogramm für kurze Texte (höchstens eine Bildschirmseite). Texte, Worttabellen u. a. können zeilenweise nach fünf verschiedenen Übungsmustern nachgearbeitet werden. Eigene Texte lassen sich eingeben, verändern und als Arbeitsblätter ausdrucken. Das Teilprogramm „Adressen" führt in die Adressenverwaltung für Schule, Haushalt und Freizeit ein und unterstützt eigene praktische Versuche.

5. Ausblick

Jedes Medium, das „überstrapaziert", das zu häufig eingesetzt wird, nutzt sich schnell ab. Wenn unsere lese- und rechtschreibschwachen Kinder ausschließlich am Computer sitzen, stellen sich sehr schnell Vermeidungsreaktionen ein. Deshalb wird der Einsatz der Neuen Technologie „dosiert". Es kann sein, daß die Rechner mehrere Unterrichtsstunden hintereinander nicht angestellt werden, weil der Förderplan andere Schwerpunkte setzt. Anschließend kann dann auch häufiges Schreiben mit dem Computer angesagt sein.

Ähnlich wie bei SCHUBENZ/KOCH zeigen sich bei unseren Einsatzmöglichkeiten keine Abnutzungseffekte. Die Computer wurden von den Kindern „nicht nur mit der gebührenden Aufmerksamkeit gegenüber dem sachdienlichen Neuen angenommen. Sie wurden auch von allen – wenn auch in unterschiedlichem Ausmaß – angenommen. Computer bringen die Motivation nicht nur in Gang, sondern erhalten sie auch aufrecht" (SCHUBENZ/KOCH, 1993, S. 134). Und das ist genau der Effekt, den wir brauchen, um lese- und rechtschreibschwache Kinder effizient zu fördern.

Es ist keine Frage, daß Computer und Programme in absehbarer Zeit in der Grundschule verstärkt eingesetzt werden, auch in den Bundesländern, in denen der Einsatz z. Zt. – noch – untersagt ist. Die Beschäftigung mit den Möglichkeiten, die der Computer in der Grundschule bietet, fordert in besonderer Weise dazu heraus, sich damit auseinanderzusetzen, wie Kinder (besser) lernen und welche Schlußfolgerungen daraus für die Gestaltung von Unterricht zu ziehen sind.

6. Literatur

ARENHÖVEL, F.: Computereinsatz in der Grundschule, Donauwörth 1994

BALHORN, H./VIELUF, U. zitiert in: ERICHSON, Ch.: Rechtschreiben: Der Klotz am Bein des Pegasus? In: VALENTIN, R./NAEGELE, I. (Hrsg.): Schreiben ist wichtig, Frankfurt 1986

BRÜGELMANN, H./BALHORN, H.: Das Gehirn, sein Alfabet und andere Geschichten, Konstanz 1990

BETZ, D./BREUNINGER, H.: Teufelskreis Lernstörungen, München 1982

KOCHAN/HERZ: Schreibprozesse am Computer. In: Grundschule 12/1988

MAY, P.: Hamburger Schreib-Probe, Hamburg, o. J.

NAEGELE, I.: Kann der Computer beim Erlernen der Rechtschreibung helfen? In: NAEGELE, I./VALTIN, R.: Rechtschreibunterricht in den Klassen 1–6; Frankfurt 1994

ODENBACH, K.: Allgemeine Übungsgesetze. In: SPITTA, G.: (Hrsg.): Rechtschreibunterricht in den Klassen 1–6, Frankfurt 1977

RADATZ, H./SCHIPPER, W.: Handbuch für den Mathematikunterricht an Grundschulen, Hannover 1983

SCHUBENZ/KOCH: Computer in der pädagogisch-psychologischen Therapie. In: HOFMAN/MÜSSELER/ADOLPHS (Hrsg.): Computer und Schriftspracherwerb, Opladen 1993

7. Computerprogramme

ARENHÖVEL, F.: Lesemeister, Donauwörth 1992

ARENHÖVEL, F.: Lese- und Rechtschreibmeister, Donauwörth 1992

ARENHÖVEL, F.: Kreuzworträtsel-Programm, Donauwörth 1992

DUMMER-SMOCH, L./HACKETHAL, R.: Karolus 1 und 3, Kiel 1993

SCHLEISIEK, G.: Budenberg Programme, 1992

COCOS 1 UND COCOS 2; Nachfrage beim Psychologischen Institut an der FU Berlin

STORY CORNER, Westermann-Verlag

PC-Profi-Text und PC-Profi Kontoführungsprogramm; kann von der Sparkasse bezogen werden

PC 3, Projekt COMISOFT, Projektleitung Prof. Dr. Werner Nestle, Postfach 23 44, 72713 Reutlingen

10. Franz Arenhövel
Förderung von rechenschwachen Kindern

0. Einleitung

Die Erfolge bei der Behebung von Lernstörungen im Lesen und Rechtschreiben in den Intensivmaßnahmen 1992 und 1993 ermunterten uns, in einem Pilotprojekt 1994 erstmals auch rechenschwache Kinder in den Sommerferien mit einzubeziehen. Seit Beginn des Schuljahres 1993/94 fördern wir im Einzelunterricht rechenschwache Kinder unserer Schule. Auf diese Erfahrungen konnten wir in der Intensivmaßnahme zurückgreifen und in einem ganzheitlichen Förderangebot neue Wege erproben.

Im Mathematikunterricht aller Klassen und Jahrgänge ist es aufgrund der Heterogenität nicht möglich, gleichschrittig im Stoff vorzugehen. Kinder, die im ersten Schuljahr über die Invarianz noch nicht verfügen, brauchen andere Materialien und Übungen als Schülerinnen und Schüler, die sich schon sicher im Zahlenraum bis 20 bewegen können. Da aber die Zahl der Kinder mit Lernschwierigkeiten ständig steigt, muß die Zahlbegriffsgewinnung z. B. fundamental angelegt sein. Es gibt Kinder in der ersten Klasse, die noch nicht bis 10 zählen können. Andere Kinder können mündlich zählen, aber die Zahlen visuell nicht mit der Menge, die sie symbolisieren, identifizieren. Diese Kinder können gleiche Mengenbilder (etwa 5 Kinder und 5 Autos) wegen der unterschiedlichen Darstellung der Mengen nicht erkennen. Sie leiden unter einer Assoziierungsschwäche.

1. Problemaufriß

Kinder mit einer Rechenschwäche fallen in der Grundschule nicht oder nur selten auf. Im Zahlenraum bis 20 bewegen sie sich zählend, nehmen ihre Finger zur Hilfe, um zum Ergebnis zu kommen. Diese Strategie ist langandauernd und oft fehleranfällig, doch sie führt zu einem Ergebnis. Ergänzungs- und Zerlegungsaufgaben können nicht gerechnet werden, da Lösungsstrategien wie Tausch- und Umkehraufgaben nicht angewandt werden können. Ähnliche Fehlleistungen sind auch im 2. Schuljahr beobachtbar. Simon löst die Aufgabe 45 + 27 an der Hundertertafel, indem er von 45 27 Schritte weiterzählt. Bei Einmaleinsaufgaben erfolgt durch Auswendiglernen eine Quasi-Automatisation: Multiplikations- und Divisionsaufgaben sind lösbar. Schwierigkeiten treten bei eingekleideten Aufgaben auf, die die Kinder nicht rechnen können. Im 3. Schuljahr bewegen sich die Kinder sehr schwerfällig im Zahlenraum bis 1000. Die Aufgabe 451 + 267 können sie mündlich (im Kopf) nicht lösen. Wenn jedoch die schriftliche Addition und Subtraktion eingeführt ist, können sie zur Lösung ggf. ihre Finger zu Hilfe nehmen, denn bei diesen Aufgabentypen wird das Einspluseins verlangt. Schriftliche Multiplikationsaufgaben bereiten im 4. Schuljahr nur wenig Schwierigkeiten, da ja das Einmaleins memoriert werden kann. Bei Divisionsaufgaben kann es – muß aber nicht – Probleme geben, da die Zerlegungsaufgaben nicht gefunden werden.

2. Wie machen sich Rechenstörungen bemerkbar?

Meine Hypothesen (die Auflistung erhebt keinen Anspruch auf Vollständigkeit):

1. Wahrnehmungsprobleme bedingen Lernstörungen. An einem Beispiel, das ich dem Buch „Erstrechnen" aus dem Staatsinstitut München entnommen habe, möchte ich aufzeigen, welche Bedeutung die akustische Wahrnehmung erlangen kann.
„Ein Schüler hatte auffallende Schwierigkeiten, Zahlvorstellungen bis fünf zu bilden und im Kopf zu rechnen, obwohl seine kognitiven Fähigkeiten normal entwickelt waren.
Aufgrund der Anamnese (Mittelohrentzündung in den beiden ersten Lebensjahren, also in sensiblen Phasen der Sprachentwicklung) lag der Verdacht nahe, die Störung könnte im Bereich der phonematischen Differenzierungsfähigkeit liegen. Die vielen ähnlichen Wortklänge irritierten ihn:

zwei plus eins gleich drei
zwei minus eins gleich eins
zwei plus zwei gleich vier
zwei plus drei gleich fünf

Er konnte die unterscheidungsstiftenden Eigenschaften der Phoneme nicht wahrnehmen. Nach einer entsprechenden Aufmerksamkeits- und Unterscheidungsförderung machte er rasche Fortschritte. Heute, drei Jahre später, ist der Schüler ein durchschnittlicher Rechner in seiner Klasse, obwohl er anfangs versagt hatte. Mögliche Zusammenhänge dieser Störung mit dem Gedächtnis werden an anderer Stelle deutlich. Im hier vorliegenden Fall kam der rein akustischen Unterscheidungsfähigkeit für Laute eine besondere Bedeutung zu" (Staatsinstitut, 1992, S. 19).

2. Rechenschwache Kinder sind in der Regel zählende Rechner. Sie lösen die Aufgabe 4 + 5 = 9, indem sie zunächst 4 Perlen, dann 5 Perlen an der Kette zählen.

Anschließend beginnen sie bei 1, um zum Ergebnis zu gelangen. Hier hilft strukturiertes Material.

3. Rechenschwache Schülerinnen und Schüler haben Schwierigkeiten mit mathematischen Grunderfahrungen. Rechts-Links- und Oben-Unten-Unterscheidungen gelingen oftmals nicht. Probleme können auftauchen
- beim Rechnen mit dem Zahlenstrahl, wenn das Kind nicht weiß, ob es bei Minusaufgaben nach rechts oder nach links gehen muß, oder
- beim Lesen der Zahlen: Das Kind liest und schreibt 35 statt 53.

4. Rechenschwache Schülerinnen und Schüler können Rechenzeichen nicht unterscheiden. Daniel rechnet die Aufgabe $7 \times 4 = 11$ (er verwechselt das Multiplikationszeichen mit dem Additionszeichen).

5. Rechenschwache Schülerinnen und Schüler können sich keine Vorstellungen von Größen machen. Hier taucht auch das Problem der Invarianz auf: PIAGET wies in zahlreichen Experimenten nach, daß Kinder nicht in der Lage sind, die Invarianz von Gegenständen zu erkennen. Wenn z. B. eine Kugel aus Knetmasse vor den Augen der Kinder zu einer Walze verformt wird, behaupten sie, daß die Knetmasse mehr geworden sei. Dasselbe Ergebnis bringen Umfüllversuche mit einer bestimmten Menge von Holzperlen oder von Flüssigkeiten aus Gläsern mit größeren in solche mit kleineren Durchmessern.

6. Unsere Kinder haben heute kaum Schwierigkeiten mit der visuellen Diskrimination – ein „Produkt" des täglichen Fernsehkonsums und des Comiclesens, das täglich tausendfach geübt wird.[1] Aber: Das visuelle Vorstellungsvermögen ist bei vielen dieser Kinder kaum oder gar nicht vorhanden. Sie sind nicht in der Lage, sich eine Menge von Steckwürfeln, Perlen u. ä. vorzustellen. Sie können sich weiterhin nicht an Handlungen oder an Darstellungen im Mathematikunterricht erinnern, das visuelle Gedächtnis ist nicht ausgeprägt. Die Kinder haben Schwierigkeiten, etwas aus ihrer Erinnerung zu zeichnen, etwa die häusliche Küche mit Schränken, Stühlen und dem Tisch. Auch das visuelle Operierenkönnen ist bei diesen Kindern wenig ausgeprägt – sie können nicht an Vorstellungsbildern gedankliche Operationen vornehmen (RADATZ, 1993, S. 22).
Ein Beispiel aus der Unterrichtspraxis: Aufgabe der Kinder eines dritten Schuljahres war es, aus der Vorstellung ihr Zimmer aufzuzeichnen, in dem sie nachmittags die Hausaufgaben machen. An der Tafel wurde der Klassenraum im Grundriß gezeichnet, die „Draufsicht" wurde mit den Kindern besprochen.

---

1 Der Schulpsychologe Norbert Sommer-Stumpenhorst aus Warendorf überprüfte die visuelle und auditive Diskriminationsfähigkeit bei 150 Erstkläßlern, 6 Wochen nach Schulbeginn. Er fand heraus, daß beim auditiven Test nur 5% der Kinder alle Aufgaben richtig gelöst hatten, 31% machten 1–2 Fehler. Visuell sind unsere Kinder wesentlich besser „ausgebildet": 71% machten keinen, 24% 1–2 Fehler (unveröffentlichtes Manuskript).

Mareike, 9,1 Jahre

Ein weiteres Beispiel: Punktbilder schaffen keine Vorstellungen von Zahlen. Ich habe 103 Kindern meiner Schule 10 Sekunden lang folgendes Punktbild präsentiert, das die Kinder anschließend aus dem Gedächtnis nachzeichnen sollten:

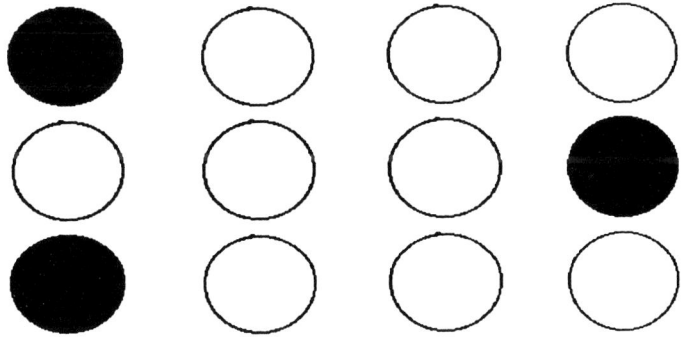

55 Kinder waren nicht in der Lage, die Punktbilder aus der Vorstellung nachzuzeichnen.

Das Ergebnis dieses Versuches:
Im Mathematikunterricht der Grundschule erarbeiten wir die meisten Begriffe und Verfahren in der Abfolge eines altbewährten, methodischen Dreierschrittes: Ausgehend von der Realitätserfahrung oder Tätigkeiten an konkreten Materialien (enaktive Phase) wird der neue Unterrichtsinhalt den Schülern dann über Darstellungen bzw. Veranschaulichungen angeboten (ikonische Phase), um schließlich nur noch mit mathematischen Symbolen und Zeichen zu arbeiten (symbolische Phase). Die Hoffnung ist bei diesem Vorgehen, daß möglichst alle Schüler diese Überset-

zungs- und Abstraktionsprozesse nachvollziehen und somit die mathematischen Beziehungen und Begriffe verinnerlichen (LORENZ/RADATZ, 1993, S. 50). Vorstellungen und Vorstellungsbilder bestimmen die Qualität des mathematischen Denkens. Sie sind das wichtige Bindeglied zwischen Handlungserfahrungen und der Verinnerlichung (ebd.).

Kinder mit Lernschwierigkeiten können häufig nicht mit Vorstellungsbildern operieren. Sie brauchen dann länger Materialien als andere Kinder. Aus der enaktiven Phase entwickelt sich die ikonische, wenn die Kinder versuchen, sich Handlungen bildlich vorzustellen. Ohne diese bewußte Übersetzung gelingt es diesen Kindern nicht, Zahl- und Operationsvorstellungen zu entwickeln (SCHULZ, 1995, S. 22).

7. Rechenschwache Kinder können sich – mathematisch – nicht in einem Raum bewegen. Das ist, so meine bisherigen Erfahrungen, die größte Minderleistung, die ich in der Förderung vieler rechenschwacher Schülerinnen und Schüler feststellen konnte. Die Kinder haben Schwierigkeiten, sich in der Geometrie – in der Lehre vom Raum – zu bewegen. Auch unsere Grundrechenarten beanspruchen räumliches Vorstellen und Denken. So sprechen wir von einem Zahlenraum, z. B. vom Zahlenraum des ersten Zehners. Wir erweitern und überschreiten ihn. Was wir aber erweitern und überschreiten, sind immer Räume. Und in diesen Räumen können sich diese Kinder ohne konkrete Anschauung nicht bewegen. Das bedeutet: Aufgrund einer visuell-räumlichen Auffassungsstörung ist die Rechenfähigkeit beeinträchtigt, die „Hundertertafel" ist diesen Kindern keine Hilfe, um Aufgaben zu lösen. Sie erkennen in dieser Anschauungshilfe keine Strukturen. 44 + 12 müssen sie immer noch zählend lösen.

8. Wir müssen auch akzeptieren, daß der didaktogene Anteil, also der Anteil, den wir Lehrer zu vertreten haben, nicht von der Hand zu weisen ist. Im Klartext: Rechenschwäche kann auch durch eine Lehrschwäche entstehen, wenn z. B. ein Kind auf der symbolischen Ebene rechnen muß, weil das Buch/die Lehrperson das vorschreibt, obwohl das Kind noch konkretes Umgehen mit dem Material braucht. Es gibt auch Kinder im Klassenverband, die zu früh die Materialien, die sie dringend benötigen, weglassen, weil ja auch der Nachbar ohne Perlenkette rechnen kann (Konkurrenzdenken!). Hier gilt es, durch differenzierende Maßnahmen, ggf. auch durch Änderung der Sitzordnung, das rechenschwache Kind anzuhalten, weiterhin Materialien bei der Lösung der Aufgaben einzusetzen.

3. Bedingungen von Rechenstörungen

Die ersten Anzeichen für spätere Schwierigkeiten beim Rechnen fallen durch Ungeschicklichkeiten und Vermeidungsverhalten bereits beim Vorschulkind auf. Schwierigkeiten beim Schreiben, eine Lese- und Rechtschreibschwäche und Rechenschwierigkeiten bauen sich in den ersten Lebensjahren allmählich auf und kündigen sich durch scheinbare Kleinigkeiten wie Nicht-mit-der-Schere-schneiden-Können oder Nicht-gern-basteln-oder-malen-Wollen an.

Ein Beispiel: Wiederholt ein Kind bestimmte Bewegungen, muß es diese immer weniger bewußt planen. So werden Bewegungen automatisiert, und das Kind entwickelt seine Geschicklichkeit. Es ist wichtig, daß die Bewegungen automatisiert ablaufen, da unser Gehirn nicht gleichzeitig zwei motorische Handlungen planen kann. Wenn ein Kind z. B. lernt radzufahren, kann es dabei nicht gleichzeitig sprechen. Es benötigt seine gesamte Aufmerksamkeit für die Bewegungsplanung beim Fahrradfahren.

Es kann sein, daß sich ein Kind aus der Sicht der Eltern normal entwickelt hat und auf einmal in der Schule Probleme mit dem Rechnen bekommt. Bei einer genauen Befragung stellt sich dann vielleicht heraus, daß das Kind kaum gekrabbelt hat und damit die Voraussetzung für die darauf aufbauenden Entwicklungsstufen fehlt oder nur mangelhaft vorhanden ist. Das Schreiben von Zahlen, das Operieren in Zahlenräumen baut auf der Fähigkeit auf, die Mittellinie des Körpers zu kreuzen. Und genau die hat das Kind in der zu kurzen Krabbelphase nicht ausreichend entwickelt. Diese Erkenntnis ist der Ansatzpunkt für die Therapie der Lernprobleme.

Lernen setzt ein gutes Zusammenspiel der rechten und linken Gehirnhälfte voraus. Die rechte Gehirnhälfte ist mehr zuständig für die Phantasie, für Geschichten, Melodien, den Klang einer Stimme. Die linke Hälfte dagegen speichert Daten, Strukturen, Einzelheiten, Zahlen und einzelne Buchstaben. Ein Kind, bei dem die beiden Gehirnhälften nicht zusammenarbeiten, wird unter anderem Schwierigkeiten bei Textaufgaben bekommen. Denn sie verbinden eine Geschichte mit einer Rechenaufgabe (die rechte und linke Gehirnhälfte werden beansprucht). Wenn die Integration der Gehirnhälften beim Vorschulkind nicht erfolgt ist, dann hat es Probleme mit dem Überkreuzen der Mittellinie und kann folglich z. B. nicht gut Hampelmann springen.

Es ist wichtig, den Zusammenhang zwischen mangelhafter Koordination und Lernproblemen zu sehen. Darum ist es wichtig, Kinder mit Koordinationsauffälligkeiten möglichst früh, am besten schon im Kindergartenalter oder sogar noch früher, durch geeignete Maßnahmen zu fördern, ehe sie in die Schule kommen und sich dort Probleme aufbauen.

So wie Kinder mit Koordinationsproblemen Gefahr laufen, in der Schule Schwierigkeiten mit dem Rechnen, Lesen und/oder Schreiben zu bekommen, so haben umgekehrt Schüler mit Lernproblemen oftmals Koordinationsprobleme. Bewegen und Lernen gehören untrennbar zusammen. Daher helfen bei Lernproblemen langfristig weder Strafen noch Schimpfen. Und es hilft auch nicht, täglich zusätzlich zu den Hausaufgaben viel zu üben. Eine schlechte Schrift wird davon auch keine

Schönschrift. Die Rechenleistung wird dadurch auch nicht besser, wenn sich die Voraussetzungen zum Lernen nicht ändern.

Zuerst benötigen Kinder mit Lernproblemen das Verständnis ihrer Eltern und ihres Lehrers. Sie können nichts für ihre Probleme, und sie benötigen eine möglichst umfassende Hilfe, sie an der Wurzel zu packen und zu lösen und gleichzeitig mit dem aktuellen Lernstoff zurechtzukommen. Eine verständisvolle Haltung vermindert den Streß, unter dem sie oft überhaupt nicht mehr arbeiten können und verhindert dadurch verhängnisvolle und zugleich vermeidbare Angst-Blockaden.

Diesen Kindern hilft alles, was ihren Gleichgewichtssinn anregt und ihr Körpergeschick verbessert. So können einige Kinder erheblich konzentrierter arbeiten, wenn sie auf einem Gymnastikball sitzen statt auf einem Stuhl. Doch genügt die Stimulation des Gleichgewichtssinns nicht, um ein konkretes Rechenproblem zu lösen. Ein Kind, das beispielsweise Mühe hat, rückwärts über den Zehner zu rechnen, also 17 – 8 auszurechnen, benötigt noch weitere Hilfen. Die zweidimensionalen Darstellungen auf dem Papier vermitteln ihm keine ausreichenden räumlichen Vorstellungen von dem jeweiligen Zahlenraum.

Es benötigt die räumliche Erfahrung, die Bewegung mit sich bringt. Je intensiver sein Körper an dieser Bewegung beteiligt ist, desto stärker prägt sie sich in seine Erinnerung ein und desto dauerhafter ist die Lernerfahrung.

4. Fördermöglichkeiten an der Margaretenschule

Bevor ich zu den Fallbeispielen komme, möchte ich kurz auf Fördermöglichkeiten in unserer Schule kommen.

Meine Lehrerinnen melden mir sofort Schülerinnen und Schüler, die im Sprach- und/oder Mathematikunterricht auffällig werden. Gemeinsam besprechen wir die Auffälligkeiten, ggf. schaue ich mir das Kind im Unterricht an. Sind die Lernprobleme so gravierend und im binnendifferenzierten Unterricht nicht zu „reparieren", kann es u. U. sein, daß das Kind für eine bestimmte Zeit im Einzelunterricht gefördert wird. Die Stunden „schaffe" ich durch den Wegfall der „Bis-Stunde"[2] im Hauptstundenplan. Wir haben zwei hervorragend ausgestattete Lernwerkstätten Sprache und Mathematik, in die ich mich mit dem Kind zurückziehe. Grundlage der Förderung ist eine Diagnose. Nach dem Gespräch mit der Klassen- bzw. Fachlehrerin führen wir einen Test durch und „tasten" uns an das Vermögen des Kindes heran. Wir setzen die Förderung genau da an, wo das Kind stehengeblieben ist. So kann es vorkommen, daß Kinder des 4. Schuljahres noch mit den Cuisenaire-Stäben arbeiten, um eine Vorstellung für Größen zu bekommen.

---

2 Die Stundentafel in NRW sieht folgende Wochenstunden vor: Klasse 1: 19-20 Stunden; Klasse 2: 21-22, Klasse 3: 23-24 und Klasse 4: 24–25 Stunden. Wenn in jeder Jahrgangsstufe eine Stunde „gekürzt" wird (die Vorgaben werden dennoch eingehalten), schaffe ich in einer zweizügigen Schule 8 zusätzliche Stunden.

5. Fallbeispiele

Beide Kinder, Simone und Petra, besuchen nicht unsere Schule. Sie haben auch nicht an den Intensivmaßnahmen teilgenommen. Sie kamen zweimal in der Woche nachmittags zu mir in die Schule, um ihre Rechenschwäche aufzuarbeiten.

5.1 Simone

Simone besucht die 4. Klasse einer Grundschule in Münster. Ich fördere Simone seit 4 Stunden, z. Zt. verfüge ich erst über wenige anamnestische Daten. Ich werde noch viele Gespräche mit der Mutter führen müssen. Ebenso fehlt mir – noch – der Kontakt zum Klassenlehrer. Die Leistungen im Sprachebereich – so die Angaben der Mutter – sind ausreichend, das Verständnis für Texte und Anweisungen und damit auch für Aufgaben, die ihr gestellt werden, ist problematisch, das soziale Verhalten auch, insofern sie sich oft nicht den Gegebenheiten entsprechend verhält (MILZ, 1993, S. 78).

In den ersten beiden Stunden testete ich ihr mathematisches „Vermögen" aus. Sie ist nicht in der Lage, die Aufgabe „350 + 30" mündlich zu lösen. Schriftliche Additions- und Subtraktionsaufgaben löst sie zählend; Verzählfehler kommen vor. Das Umsetzen von Wortzahlen in arabische Zahlen gelingt oft nicht einmal im Zahlenraum bis 100; sie verwechselt Einer und Zehner: 54 statt 45, 36 statt 63. Die Hunderterplatte ist ihr keine Hilfe, Strukturen darauf erkennt sie nicht. $45 + 20$ löst sie zählend. Sie hat keinen semantischen Zahlbegriff entwickelt, der z. B. unterschiedliche Zahlzerlegungen als selbstverständlich erscheinen läßt. Aufgaben wie $8 + 2$, $2 + 8$, $10 - 8$, $10 - 2$ werden von ihr als nicht zusammenhängend wahrgenommen, sondern jeweils getrennt gelöst. Das führt dazu, daß sie sich aufgrund mangelnder Zahlzerlegungen keine Hilfen bei Aufgaben mit Zehnerübergang aneignen kann: $16 - 8$ löst sie nicht als $16 - 6 - 2$, sondern durch Abzählen (LORENZ, 1987, S. 98). Sogar die Aufgabe $15 - 5$ bereitet ihr noch Schwierigkeiten. Dann bin ich noch einen Schritt zurückgegangen: Ich habe ein Arbeitsheft aus dem 2. Schuljahr genommen (ARENHÖVEL u. a. 1993, S. 1) und Simone die 1. Seite vorgelegt (siehe Abb. auf Seite 118).

Subtraktionsaufgaben löst sie ausschließlich mit Fingerhilfe; Additionen, indem sie innerlich weiterzählt. Auch hier ist die Fehleranfälligkeit sehr groß.

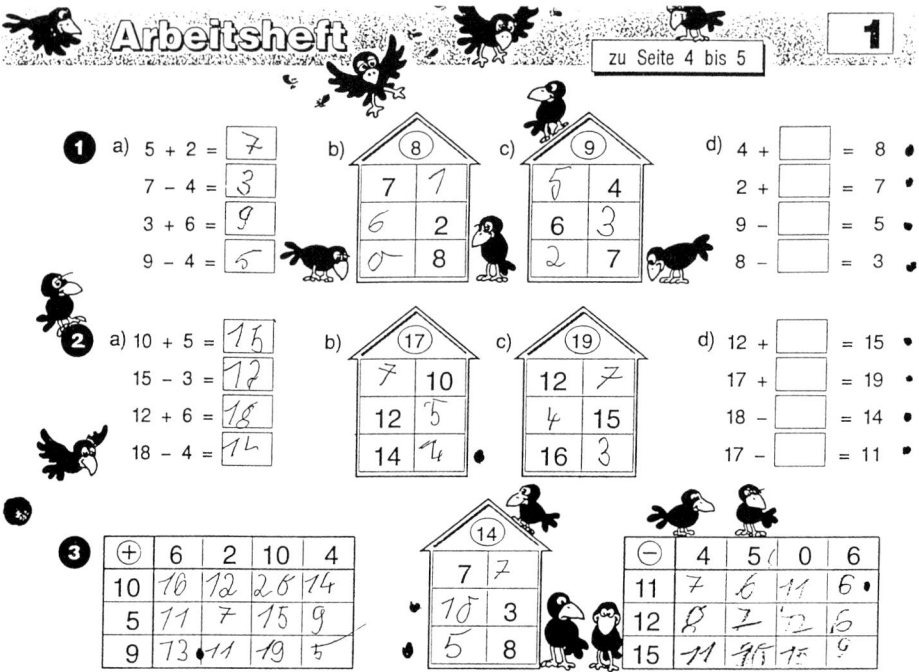

1   a)   5 + 2 = 7
7 − 4 = 3
3 + 6 = 9
9 − 4 = 5

b) (8): 7 | 1,   6 | 2,   0 | 8

c) (9): 5 | 4,   6 | 3,   2 | 7

d)   4 + ☐ = 8
2 + ☐ = 7
9 − ☐ = 5
8 − ☐ = 3

2   a)   10 + 5 = 15
15 − 3 = 12
12 + 6 = 18
18 − 4 = 14

b) (17): 7 | 10,   12 | 5,   14 | 4

c) (19): 12 | 7,   4 | 15,   16 | 3

d)   12 + ☐ = 15
17 + ☐ = 19
18 − ☐ = 14
17 − ☐ = 11

3

+	6	2	10	4
10	16	12	20	14
5	11	7	15	9
9	13	11	19	5

(14): 7 | 7,   10 | 3,   5 | 8

−	4	5	0	6
11	7	6	11	6
12	8	7	12	6
15	11	15	15	9

Zunächst habe ich überprüft, ob Simones Körperschema „in Ordnung" ist. Ich bat sie, eine liegende Acht an die Tafel zu zeichnen. Das konnte sie nicht. Ich habe die „Acht" vorgezeichnet, beim Nachzeichnen konnte sie die Mittellinie überkreuzen.

Simones Versuche mit der liegenden Acht

Auch die liegende Acht aus der Edu-Kinästhetik[3] bereitete ihr keine Schwierigkeiten. Das rhythmische Rollenlassen der Kugel fördert die Integration der beiden Gehirnhälften sowie das feine Zusammenspiel von Auge und Hand, von Gleichgewichts-, Bewegungs- und Formensinn.

Ganz deutlich wurde mir auch wieder bei Simone, daß ihre mathematischen Defizite nicht durch „Nachhelfen" behoben werden können, indem ich zusätzliche Übungen aus dem jeweiligen Stoffgebiet anbiete. Wenn ich ihr ausschließlich zusätzliche Übungsaufgaben gebe, verfestigen sich ihre Fehlertechniken; denn das begriffliche und operative Verständnis muß zunächst vor den Übungen neu entwickelt und erarbeitet werden. Sie braucht das Fundamentum, auf das später dann aufgebaut werden kann.

Simone weiß, daß sie im Fach Mathematik Schwierigkeiten hat. Immer wieder wird sie – nicht nur im Unterricht – darauf hingewiesen. Sie muß sogar einen Fahrweg von fast 30 Minuten in Kauf nehmen, um in ihrer Freizeit wieder auf ihre Probleme aufmerksam gemacht zu werden, wenn sie an meinem Förderunterricht teilnehmen muß. Daß es bei einem rein kognitiven Training zu Vermeidungsreaktionen kommen kann, ist mir klar.

Ich biete ihr deshalb auch taktil-kinästhetische Übungen an: Arbeit mit der Fühlkiste, mit dem Riesenmikado spielen, Stelzenlauf. Mit dem Schein der Taschenlampe projiziere ich an der Decke Zahlen, die sie nennen muß; Zahlen werden durch unterschiedliche Geräuschquellen dargestellt; durch Würfel erzeugen wir Zahlen, die wir in die Zifferntafel einordnen müssen; so spielen wir z. B. hohe und niedrige Hausnummer u.ä.m. Orientierungsübungen führe ich mit dem vergrößerten Geobrett durch: Ich gebe ihr eine Vorlage, die sie – haptisch – auf das Geobrett projizieren muß. Als strukturiertes Material nutze ich im pränumerischen Bereich die Cuisenaire-Stäbe. Mit diesem Material führe ich Analogieübungen, Tausch- und Nachbaraufgaben durch, um die Struktur dieser Aufgaben einsichtig zu machen. Dabei versuche ich, sie zum „lauten Denken" zu überreden. Sie wird von mir aufgefordert, sämtliche Gedanken beim Problemlösungsprozeß zu äußern, und zwar sowohl die von ihr selbst als endgültig richtig akzeptierten als auch die als falsch verworfenen Hypothesen. Dabei hat sie allerdings noch große Schwierigkeiten.

Simone kann ihre Lernstörungen im Fach Mathematik durch Üben und Fleiß kompensieren. Hier muß einsichtiges und strukturiertes Üben angeboten werden. Das ist mein Übungsangebot – zunächst noch ohne Rücksprache mit den Eltern und dem Klassenlehrer.

---

3 Die liegende Acht ist ein Holzrahmen in Form einer Acht mit einer Nute, in der eine Kugel rollen kann.

5.2 Petra

5.2.1 Anamnestische Angaben der Mutter

Petra ist das 3. Kind der Familie. Sie hat sehr spät das Laufen erlernt (mit 19 Monaten). Das Sprachvermögen und die Sprachfertigkeit waren im Kleinkindalter normal ausgeprägt; Petra hat nicht gekrabbelt, ihre Gleichgewichtsstörungen resultieren aus diesen Retardierungen. In diesem Zusammenhang bemerkte die Mutter, daß Petra erst nach einem 1½ jährigen Schwimmkurs das Schwimmen erlernt habe, vermutlich Folge ihrer mangelnden Koordinationsfähigkeit. Sie besucht jetzt regelmäßig mit ihrer Mutter ein Schwimmbad.

Seit 1987 nimmt Petra an verschiedenen Fördermaßnahmen teil: In der Timmermeister-Schule wird sie motopädisch und ergotherapeutisch betreut; zunächst in einer Einzel-, dann in einer Gruppentherapie. Seit 1992 nimmt sie an einer psychomotorischen und sensomotorischen Förderung teil. 1½ Jahre erhielt sie Reitunterricht.

5.2.2 Schullaufbahn von Petra:

Schulpflichtig:	1988:	Zurückstellung in den Kindergarten nach Empfehlung des Schularztes. Besuch des Schulkindergartens auf Antrag der Eltern und auf Empfehlung des Schularztes und der Schulleiterin.
1989:		Besuch des 1. Schuljahres

Teilleistungsstörungen traten schon im 1. Halbjahr des 1. Schuljahres und zu Beginn des 2. Schuljahres immer gravierender auf.

Petra besuchte eine Grundschule in einem Vorort von Münster und ist z. Zt. in der 4. Klasse. Die Mutter stellt keine zu hohen Ansprüche an das Kind, sie weiß um die Unzulänglichkeiten, genau wie Petra. Sie ist aber, wie die Tochter und Klassenlehrerin, völlig hilflos. Die Mutter war als Krankenschwester tätig, hat sich mit der Thematik „Dyskalkulie" durch die Literatur und durch private Fortbildungsveranstaltungen kundig gemacht.

Pädagogisch positiv ist zu bewerten, daß die Klassenlehrerin Petra erlaubt, differenzierte Klassenarbeiten zu schreiben, die dem Niveau des Kindes angepaßt sind: Petra hat die letzte Arbeit aus dem Stoff des 2. Schuljahres geschrieben, die mit „befriedigend" beurteilt worden ist.

Den Leistungsstand ihrer Tochter schilderte die Mutter wie folgt:

Sprache:	
Rechtschreiben:	gut

Petra schreibt sehr gute wie ausreichende Diktate.

Aufsatz:	befriedigend
Lesen:	befriedigend

Sachunterricht:	befriedigend bis ausreichend
Musik:	sehr gut
Sport:	befriedigend
Schrift:	befriedigend bis ausreichend

Im Gespräch äußerte die Mutter, daß sie sich große Sorgen über die schulische Zukunft ihrer Tochter mache, da die Entscheidung über die Schullaufbahn noch nicht endgültig getroffen sei. Aufgrund der befriedigenden Leistungen will sie Petra nicht auf einer Sonderschule wissen. Eine Hauptschule kommt für sie nicht in Frage.

Petra nimmt an einer Förderung an der Johannesschule (das ist eine Sonderschule für Lernbehinderte) teil, die von der Sonderschulkollegin in einer Kleingruppe durchgeführt wird. Höchstens 4 Kinder werden mit Übungsaufgaben „versorgt", ohne daß die Symptome beachtet werden. So werden z. B. Probleme, die dieser Störung „vorgeschaltet" sind, nicht behandelt. Frau A. bezweifelt die Effektivität und Effizienz dieser Förderung.

Meine Exploration ihrer rechnerischen Fertigkeiten zeigt, daß Petra sehr langsam und nicht immer fehlerfrei zählt.

Die bisherige Inventarisierung von Petras Rechenfähigkeit zeigt auch ein Unverständnis der dezimalen Grundstruktur des Zahlsystems. Dieses hätte in der 1. und 2. Grundschulklasse gelegt werden müssen. Addition und Subtraktion scheinen nur als Vorwärts- und Rückwärtszählen verstanden zu werden; die schriftlichen Algorithmen der Subtraktion und der halbschriftlichen Multiplikation und Division werden nur teilweise und damit fehlerhaft erinnert. Das Einmaleins ist nicht automatisiert, wodurch Divisionsaufgaben nicht lösbar werden.

Als vorläufige Vermutungen über Petras Rechenschwierigkeit kommen in Frage:
– Das Fehlen basaler Fertigkeiten und Einsichten in den Aufbau des Zahlsystems aufgrund einer Kenntnislücke. Diese müßte im 1. oder am Anfang des 2. Schuljahres durch Übungsmangel (z. B. Krankheit oder sonstige längere Abwesenheit von der Schule) aufgetreten sein. Darauf aufbauende Inhalte wie Zehner- oder Hunderterübergang, Multiplikation und Division werden dann nicht mehr in bestehendes Wissen integriert, sondern bestenfalls als Quasi-Automatismen rememoriert. Die Folge wäre, daß Petra dem Rechenunterricht im Gegensatz zu anderen, weniger hierarchisch-sequentiellen Fächern nicht mehr zu folgen vermag und nur noch Teile bruchstückhaft aufnimmt (vgl. LORENZ, 1987, S. 116). Ein Gespräch mit der Mutter ergab, daß Petra nicht in einem größeren Umfang im 1. und 2. Schuljahr gefehlt hat.
– Die didaktische Stufung des Lernprozesses wird in den Mathematikbüchern und in den meisten Unterrichtsstunden durchgehalten. Aber: Aufgrund der Heterogenität in unseren Klassen ist ein gleichschrittiges Vorgehen pädagogisch so fragwürdig wie falsch, weil nicht auf die individuellen Besonderheiten eines jeden Schülers eingegangen werden kann. Nicht alle Kinder sind in der Lage, die mathematischen Begriffe und Beziehungen zu verinnerlichen, können schon zu

einem Zeitpunkt, den das Lehrbuch oder der Unterricht festlegt, auf der ikonischen und symbolischen Ebene rechnen. Das bedeutet: Hier können negative Schulkarrieren beginnen, da in einem früheren Stadium der schulischen Entwicklung partielle Störungen aufgetreten sind, die zunächst nur zu den umschriebenen Ausfällen führten, die sich jedoch im Laufe der Zeit verfestigten und zu generalisierten Lernstörungen auswuchsen, weil sie nicht erkannt wurden bzw. weil nicht gegen sie gearbeitet wurde. Die Folge sind schwere, langandauernde Leistungsausfälle.

Viele Aufgaben, Übungen, Spiele und Spielformen, die im Laufe der Förderstunden durchgeführt wurden, dienen sowohl der Diagnose von Petras Rechenfertigkeiten und -fähigkeiten als auch der Therapie ihrer Mathematikleistungen.
Soweit es meine Zeit erlaubt, habe ich mit der Mutter besprochen, daß Petra zweimal in der Woche im Einzelunterricht von mir gefördert wird.
Vor Beginn der Förderung fand ein Gespräch zwischen der Mutter und mir ohne Petra statt.

6. Erste Diagnosemaßnahmen

Im Kapitel 3 habe ich schon auf die zentrale Bedeutung der Diagnose hingewiesen. Im folgenden liste ich einige Diagnosemaßnahmen auf, die ich ergriffen habe, um Petras individuelles Mathematikprofil zu erkennen.

Überprüfung der aufsteigenden Zählfolgen:
Petra sollte von 469 an weiter aufsteigend zählen. Dabei traten keine Schwierigkeiten auf.
Rückwärtszählen in Einerschritten von 503 an; kurze Stockung nach 500, ansonsten problemlos. Schwellenübergänge bei vollen Hundertern gelingen, sind aber noch mit Schwierigkeiten behaftet.
In Hunderterschritten vorwärts ab 120. Bis 920 traten keine Probleme auf. Die Zahl 1020 fand sie nicht; nachdem sie 40 Sekunden überlegt hatte, nannte ich sie.
In Hunderterschritten rückwärts ab 987. Bis 187 konnte sie die Aufgabe bewältigen. Dann überlegte sie sehr lange; erst nach dem Hinweis, die Hunderterzahl wegzulassen, konnte sie die Zahl 87 finden. Dann versuchte sie, mit 86 weiterzuzählen. Ich habe dann abgebrochen.
Ab 195 in Zehnerschritten rückwärts zählen. Nach meiner nochmaligen Erklärung und meiner Anweisung: „Ich kann Dir die Aufgabe auch anders stellen: $195 - 10 = x$" sagte sie nach einigem Zögern (11 Sekunden) die Reihe bis 115 auf. Dann kam 114; sie korrigierte sich sofort. Nach 55 Sekunden gab ich 105 vor. Hilfe von mir nach 18 Sekunden: 95. Sie nannte dann die Zahl 185, 85 kam von mir. Dann war sie nicht mehr in der Lage, in Zehnerschritten rückwärts zu zählen. Die Aufgabe wurde abgebrochen.

Nun sollte sie in Dreierschritten von 815 rückwärts zählen. Sie begann erst, nachdem ich die Minusaufgabe 815 – 3 mit dem Ergebnis nannte. Nach einigem Zögern kam 809, 806, 803 und 801 (Zählfehler).
Wieder mußte ich ihr nach 50 Sekunden die Minusaufgabe vorgeben: 801 – 3 = .
Sie errechnete das Ergebnis.

Dann habe ich ihre Fertigkeiten in der schriftlichen Addition überprüft; die Zahlen wurden von mir untereinander geschrieben.
Hier ist der Algorithmus bekannt; sie benutzt das 1 + 1, um zur Lösung zu kommen. Dabei gebraucht sie ihre Finger.
Während ich die 2. Aufgabe aufschrieb, äußerte sie den Wunsch: „Darf ich gleich mal etwas an die Tafel schreiben?"

Bei der 2. Aufgabe nutzt sie Tauschaufgaben, um zum Ergebnis zu gelangen:

$$
\begin{array}{r}
465 \\
+\ \ 223 \\
\hline
688
\end{array}
$$

Sie rechnete: 5 + 3, 6 + 2, 4 + 2. Sie benutzte nicht die Finger.
Auf die Frage, warum sie die Tauschaufgabe benutze, antwortete sie mir: „Weil das einfacher ist. Wenn man 2 + 6 rechnet, dauert es länger, und wenn man 6 + 2 rechnet, geht es viel schneller."

Schriftliche Addition mit Übergang. Gefordert war die Aufgabe:

$$
\begin{array}{r}
452 \\
+\ \ 769 \\
\hline
1211
\end{array}
$$

Die Übertragszahlen schrieb sie richtig auf. Bei den Zehnerzahlen rechnete sie:
6 + 1 = 7 + 5 = 11 Ebenso wie bei der Additon der Hunderterzahlen gebrauchte sie bei den Zehnerzahlen die Finger.
Der Fehler scheint durch Verzählen aufgetreten zu sein. Sie las mir die Aufgabe vor, erst sehr stockend kam das Ergebnis.

Nun habe ich ihr schriftliche Subtraktionen, zunächst ohne Übergang, aufgeschrieben. Die erste Aufgabe

$$
\begin{array}{r}
698 \\
-\ \ 243 \\
\hline
455
\end{array}
$$

löste sie abziehend. Sie begann wieder: 8 + 3 = . Ich wies sie auf das Rechenzeichen hin. Dann rechnete sie: 8 – 3 sind 5, 9 – 4 sind 5 – bei dieser Aufgabe benutzte sie ihre Finger –, 6 – 2 sind 4. Auf meinen Hinweis an die Mutter, daß Petra einen völlig falschen Rechenweg benutzt hatte, entgegnete sie: „Die Kinder ihrer Klasse haben das ergänzt." Petra memorierte dann auch mündlich das Ergänzungsverfahren. Die nächste Aufgabe löste sie im Ergänzungsverfahren:

```
  548
- 217
 ─────
  331
```

Von 7 bis 8 sind 1; von 1 bis 4 sind 5 (Fingerhilfe), sofortige Korrektur nach 3; von 2 bis 5 gleich 3 (ebenfalls Fingerhilfe).

Schriftliche Subtraktion mit Übergang

```
  615
- 351
 ─────
  264
```

Von 1 bis 5 sind 4 (Fingerhilfe), von 5 bis 1 geht nicht, dann muß ich die 1 unter die 3 schreiben (extremer Blickkontakt zur Mutter, als wolle sie sich Bestätigung holen); von 5 bis 11 sind 6 (Fingerhilfe), von 4 bis 6 sind 2.

Danach durfte sie an die Tafel. Ohne Aufforderung schrieb sie folgende Aufgabe an:

```
  352
- 242
 ─────
  110
```

Sie rechnete: von 2 bis 2 sind 0, von 4 bis 5 sind 1, von 2 bis 3 sind 1. Sie hat das Vorzeichen verwechselt. Nach meiner Aufforderung, diese Aufgabe vorzulesen, antwortete sie: 352 + 242 gleich 110.

Daraufhin zeichnete ich eine Stellenwerttafel an und bat sie, die drei Zahlen dort einzutragen. Das gelang ohne Schwierigkeiten. Auf meine Frage, welches denn die größte Zahl sei, antwortete sie: „352, dann 242 und 110". Als Begründung nannte sie: „Bei 242 ist in der Mitte die 4, bei 352 die 5, bei 110 ist in der Mitte die 1". Meinen Hinweis auf die Bedeutung der Zahlen im Stellenwertsystem griff sie auf. Sie ordnete dann die Zahlen der Größe nach richtig zu.

Daraufhin wies ich noch einmal auf das Ergebnis ihrer Aufgabe hin: „Du hast die beiden Zahlen addiert, und dabei kommt die kleinste Zahl heraus." Nach kurzem Überlegen wischte sie das Ergebnis weg und rechnete: 2 + 2 gleich 0, 4 + 5 gleich 9 und 2 + 3 gleich 5. Meinen Hinweis auf die Einerstelle griff sie auf und addierte dann richtig.

Interpretation des falschen Ergebnisses: Auf dem Arbeitsblatt wurden zuletzt Subtraktionsaufgaben verlangt. Diese Rechenart hat sie auf die Tafelaufgabe transferiert.

Ich fragte nach der Bedeutung von Addieren und Subtrahieren. Sie antwortete zunächst falsch, doch korrigierte sie sich gleich, nachdem ich der Mutter erklärte: „Mathematik ist die erste Fremdsprache, die die Kinder lernen müssen."

Die Multiplikationsaufgabe 8 · 4 konnte sie erst nach langem Überlegen lösen (90 Sekunden). Nach 40 Sekunden kam das Zwischenergebnis 16. Dann bot sie mir zunächst 28 an, ich gab ihr die nächste Plusaufgabe vor, dann kam das Ergebnis. Aufgrund des großen Zeitaufwandes für diese Aufgabe wollte ich keine Divisionsaufgabe mehr stellen, da ich mit Sicherheit zum gleichen Ergebnis (keine Automatisierung von Einmaleinsaufgaben) gekommen wäre.

Im nachfolgenden Gespräch mit der Mutter erklärte sie mir, daß Petra trotz automatisierenden Übens mit ihr immer noch große Probleme mit Multiplikations- und Divisionsaufgaben habe.

7. Fördervorschläge

7.1 Förderung basaler Fertigkeiten

- Konzentrationsübungen wie z. B. Fehlersuchbilder
- Übungen zur Rechts-Links-Unterscheidung
- Gegenstände und Zahlen ertasten
- Übungen zur optischen Differenzierung, auch am Geobrett

7.2 Förderung, um die mathematischen Defizite aufzuarbeiten

- Zunächst geht es mir darum, Grundlagen für ein erfolgreiches Mathematiklernen durch den Aufbau von Zahl- und Operationsvorstellungen mit strukturiertem Material zu schaffen.
- Einsatz der Cuisenaire-Stäbe, um ein mathematisches Verständnis anzubahnen.
- Würfelspiele, um Zahlen in ein Stellenwertsystem einzuordnen und zu vergleichen. Die Ergebnisse werden auf der Hundertertafel gesucht und mit Steckwürfeln gesteckt.
- Rechnen im Hunderter mit der Hundertertafel (siehe unten).
- Analogie-, Nachbar-, Ergänzungs- und Tauschaufgaben, die zunächst wieder mit strukturiertem Material gelegt werden.

8. Ausblick

Um Lernprobleme und Lernschwierigkeiten aufzuspüren, müssen wir Lehrerinnen und Lehrer „sehen" lernen; und lernen, wonach wir „sehen" sollen. Hat man diesen Gedankengang erst einmal vollzogen, wird alles sehr einfach, denn die Entwicklungsphasen verlaufen immer in der gleichen Richtung. Das Kind wird auf „seinem" Entwicklungsniveau gefördert. Wir versuchen, herauszubekommen, wo das Kind „steht". Dann fördern wir es ab dieser Stufe.

Ein Beispiel aus dem Mathematikunterricht: Daniel aus dem 3. Schuljahr hat große Schwierigkeiten, im Zahlenraum bis 100 zu rechnen. Wir beginnen mit Aufgaben aus dem 20er-Raum und schließen motorische und ergotherapeutische Hilfestellungen mit ein. Im Einzelunterricht wird der Hunderterraum gestempelt – u. a. auch ein Training im Stellenwertsystem. Daniel weiß jetzt, daß Plusaufgaben ein Weitergehen nach oben verlangen, Minusaufgaben nach unten. Diese Bewegung wird bei der Arbeit am Hunderterfeld vollzogen: Plusaufgabe: Größerwerden, Minusaufgabe: Kleinerwerden.

Aufgaben im Zwanzigerbereich werden „ergangen": Auf den Fußboden sind Füße geklebt, die ihm bei der Lösung von Aufgaben aus diesem Bereich helfen.

Welches ist das günstigste, hilfreichste Material bei Rechenstörungen? Die Antwort ist schlicht und im ersten Moment unbefriedigend: Es gibt keines, das für alle Kinder gleichermaßen hilfreich wäre (LORENZ, 1993, S. 9). Aber es gibt sicherlich ein Material und eine damit verbundene Umgehensweise, die für die Kinder günstig ist: der Hunderterkasten. Ich konnte bisher in der Förderung von rechenschwachen Kindern feststellen, daß das Arbeiten mit diesem Material ungemein hilfreich ist. Der Hunderterkasten hat Zehner-, Fünfer- und Einerstangen aus Holz. Zu diesen Stangen und Würfeln gehört noch ein Hunderterbrett. Erste Orientierungsübungen werden auch schon im Zahlenraum bis 20 durchgeführt, wenn die Kinder die Zahlen legen müssen. Die Addition und Subtraktion erfordert immer wieder ein Handeln mit den Stäben.

*Simon rechnet
mit dem
Hunderterkasten*

Ein weiteres Material hat sich in der Förderung unserer rechenschwachen Kinder bewährt: Die Hundertertafel, die von unten nach oben aufgebaut ist. Diese Tafel wird von den Kindern selbst erstellt; die Zahlen werden auf das Papier gestempelt (u. a. auch eine Hilfe des Stellenwertsystems). Die Stempel habe ich selbst hergestellt: In der Schule gab es einen Fundus von alten Umrißstempeln, die nicht mehr aktuell waren. Aus alten Autoschläuchen habe ich die Ziffern von 0–9 ausgeschnitten und auf die Stempel geklebt.

Die Anordnung der Zahlen von unten nach oben haben wir deshalb so gewählt, weil wir die Additon und Subtraktion immer mit einer Bewegung verbinden. Bevor Tina die Aufgabe löst, „wächst" sie oder sie wird „klein" (Addition und Subtraktion). Unsere Tafel ist auch nicht „voll", um Orientierungsaufgaben zu ermöglichen. Die Verbindung mit der Bewegung hat sich bei unseren rechenschwachen Schülerinnen und Schülern sehr bewährt.

Tina stempelt die Zahlen auf der Hundertertafel

Nachwort:

Beide Kinder verließen im Sommer 1994 die Grundschule. Erschüttert hat mich, daß auf weiterführenden Schulen kein Platz für Simone und Petra war, da auf ihre Teilleistungsschwäche nicht eingegangen werden kann. Beide Mädchen besuchten zum Schuljahr 1994/95 die Schule für Lernbehinderte.

9. Literatur

ARENHÖVEL, F. u. a.: Mathebaum 2, Arbeitsheft, Hannover 1993

LORENZ, J. H.: Lernschwierigkeiten und Einzelfallhilfe, Göttingen 1987

LORENZ, J. H.: Eine Rechenstörung früh erkennen … In: Grundschule 6/1993

LORENZ, J. H./RADATZ, H.: Handbuch des Förderns im Mathematikunterricht, Hannover 1993

MILZ, I.: Rechenschwächen erkennen und behandeln, Dortmund 1993

RADATZ, H.: Rechenschwäche – früh erkennen!? In: Grundschulunterricht 40/1993

SCHULZ, A.: Warum kann ich nicht rechnen? In: Grundschulunterricht 4/1995

STAATSINSTITUT FÜR SCHULPÄDAGOGIK UND BILDUNGSFORSCHUNG MÜNCHEN: Erstrechnen, Teil 1, Würzburg 1992

11. Schulpsychologie und Lese- und Rechtschreib- schwierigkeiten

LOTHAR DUNKEL

0. Einführung

Lesen und Schreiben zu vermitteln ist die grundsätzlichste Aufgabe von Schule. Dies war immer so und, so wage ich zu behaupten, wird auch immer so bleiben. Auch die Wichtigkeit von Lesen und Schreiben ganz allgemein wird ihren Stellenwert behalten. Für mich ist klar, daß eine zunehmende Technisierung die Bedeutung von Lesen und Schreiben grundsätzlich erhöhen wird, wobei sich Inhalte und Gewohnheiten der Menschen in bezug auf Lesen und Schreiben ändern werden. Gerade da ich während des Schreibens dieser Zeilen an einem für fast jedermann zugänglichen Kleincomputer sitze, bin ich davon überzeugt, daß Lesen und Schreiben als wesentliche und elementare Bestandteile menschlicher Kommunikation ihren Stellenwert nicht bedeutsam verändern werden.

Dabei sind Lesen und Schreiben Grundbedingungen für Sprach- und Kommunikationskompetenz. „Natürlich wirken sich auf das Lese- und Sprechverhalten junger Menschen auch die Medien- und Kommunikationstechniken aus. Es dürfte unbestritten sein, daß die Sprachkompetenz darüber entscheidet, inwieweit der Mensch Herr dieser Entwicklung bleibt" (Der Arbeitskreis, 1995, S. 15).

ZINGELER erinnert in einem gerade erschienenen, nicht veröffentlichen Arbeitspapier an die Ergebnisse, die Lily KEMMLER vor teilweise mehr als 25 Jahren formulierte:

„Viele Ergebnisse unserer Untersuchung sprechen dafür, daß eine regelgemäße ... Rechtschreibung dasjenige Einzelmerkmal ist, das in unseren Schulen am schärfsten die erfolgreichen von den versagenden Schülern trennt."

„Ein einseitiges, *von der Intelligenz* ... weitgehend *unabhängiges* Merkmal entscheidet damit in vielen Fällen über den Schulerfolg in der Grundschule."

„Die spezifische Rechtschreibleistung hat ... einen bedeutenden Einfluß auf die Entscheidung ausgeübt, eine weiterführende Schule zu besuchen."

Gerade in dieser bedeutsamen Stellung im Gesamtbereich schulischen Lernens ist das Ereignis zu sehen, wenn in einem Einzelfall – bei einem Jungen[1] häufiger als bei einem Mädchen – die Vermittlung dieser Fähigkeiten scheitert oder aber auf unge-

---

1 Zu Begründungsversuchen, warum Jungen häufiger lese- und rechtschreibschwach sind als Mädchen, vgl. z. B. BREUER/WEUFFEN, 1993, S. 16 und BRÜGELMANN, 1990, S. 48.

wöhnliche Schwierigkeiten stößt. Wenn Schule ihre zentrale Aufgabe bei diesem Kind nicht erfüllen kann oder es im Moment zumindest fraglich erscheint, ob sie es kann, entsteht ein Problem. Schule steht dann vor der Aufgabe, mit besonderen Anstrengungen zu versuchen, das Ziel dennoch zu erreichen.

1. Das Phänomen

Der Versuch, das Phänomen Lese- und Rechtschreibschwäche umfassend darzustellen, bedarf weitaus mehr an Raum, als hier zur Verfügung steht. Aus diesem Grunde seien hier nur zwei wesentliche Gedanken erwähnt, die für die Bedeutung der Schulpsychologie bei der Förderung von lese- und rechtschreibschwachen Kindern von hoher Tragweite sind.

Die Geschichte der Lese- und Rechtschreibschwäche zeigt, daß eindimensionale Erklärungsversuche unzureichend sind. Dies verwundert nicht, da es ja durchaus einleuchtend ist, daß eine Vielzahl von Einzelfähigkeiten und Grundbedingungen vorhanden sein muß, damit erfolgreiches Lesen und Rechtschreiben stattfinden kann. Aus dem Bereich der Wahrnehmungsfähigkeiten seien hier die Bereiche räumlich-optisch, akustisch-kinästhetisch und rhythmisch genannt. „Eine bestimmte Teilleistungsschwäche kann immer nur für jeweils einen Teil der Varianz der LRS-Ursachen zuständig sein" (THEWALT, 1994, S. 65).

Innerpsychische Faktoren wie Angst und Streß spielen eine große Rolle, ebenso die dynamischen Faktoren des Umfeldes der Schülerin und des Schülers mit der Gesamtheit der personalen Beziehungen zu Eltern, Geschwistern, Lehrern und Mitschülern.

Hieran wird deutlich, daß Schule in bestimmten Fällen schnell an ihre Grenzen stoßen kann und sich bei ihrer Überwindung der Unterstützung anderer Fachgebiete bedienen sollte. Wie ich später ausführen werde, bleibt diese Unterstützung durch andere Fachgebiete nicht auf die Psychologie bzw. Schulpsychologie beschränkt.

2. Psychologische Situation des Schülers

Ein Kind, welches große Schwierigkeiten im Erlernen des Lesens und Schreibens erfährt, befindet sich in einer schwierigen Situation.

Die Schulpsychologie kann im wesentlichen zu den Bereichen etwas beisteuern, die das Kind in seiner Person betreffen. Das bedeutet z. B. Berücksichtigung von Aspekten der Motivation, Lernwiderstände, Persönlichkeitsentwicklung, Angst etc. Darüber hinaus kann die Schulpsychologie der Schule wichtige Hinweise und Unterstützung bezüglich der besonders zu gestaltenden Lernsituation für die betroffenen Kinder geben. Eine sehr psychologisch orientierte Pädagogik hat sich hier bewährt.

2.1 Bisherige Entwicklung des Themas Lese-/Rechtschreibschwäche

Mit dem Aufkommen und der Popularität psychologischen Wissens in Deutschland nach dem Kriege fragte die Pädagogik bei den für sie unlösbaren Problemen in der Nachbarwissenschaft Psychologie nach bzw. bot sich die Psychologie an, Erklärungen zu liefern und Hilfestellung zu leisten. So entstand in den 50er Jahren die Idee eines sinnvollen und systematischen Wirkens von Psychologie in und für die Schule. **Schulpsychologie war geboren**.

Es war dann auch ganz logisch, daß diese neue Schulpsychologie sich mit dem Kern von Schule, dem Lesen- und Schreibenlernen, beschäftigte. So wurde z.B. eine Schulpsychologische Beratungsstelle von einer Kommune mit der Begründung eingerichtet, die Lehrer bei der Arbeit mit den Schülern zu unterstützen, die beim Erlernen des Lesens und Schreibens besonders große Probleme zeigten. Der Elan, mit dem einzelne Kommunen beispielsweise in Nordrhein-Westfalen gerade in der bildungseuphorischen Zeit der 60er und 70er Jahre hier voranschritten, Schulpsychologen einstellten und Schulpsychologische Beratungsstellen einrichteten, muß heute als gewaltig und wahrscheinlich einmalig gesehen werden.

In gegenseitiger Ergänzung widmeten sich Psychologie und Pädagogik der Frage, warum es einigen Kindern so furchtbar schwer fällt, Lesen und Schreiben bzw. Rechtschreiben zu erlernen. Das Phänomen Legasthenie nahm Konturen an. Vor allem in den 60er und 70er Jahren wurden Theorien entwickelt, Lehrer wurden fortgebildet, Schülerinnen und Schüler wurden kategorisiert, viel Schweiß und Arbeit in den Versuch der Bewältigung und Lösung des Phänomens „Legasthenie" gesteckt. Entgegen jeder schulpraktischen Erfahrung in der Förderung von Kindern mit besonderen Bedürfnissen wurden dabei die Legastheniker herausgetestet und selektiert und nur sie hatten das Privileg einer Förderung.

Zufriedenstellende theoretische und praktische Legastheniemodelle, die allgemeine Akzeptanz erfuhren, hat es nie gegeben. Die in rasanter Abfolge erstellten Studien widersprachen sich häufig in ihren Ergebnissen und führten bei den Lehrern, die diese Ergebnisse umsetzen sollten, zu Verwirrung und Unsicherheit. Seit ca. 10 Jahren, in Nordrhein-Westfalen offiziell seit Inkrafttreten des Erlasses des Kultusministers zur „Förderung von Kindern mit Schwierigkeiten im Erlernen des Lesens und Schreibens" (1991), hat es eine Abkehr vieler Pädagogen und Psychologen von dem Modell der Legasthenie gegeben. Man wandte sich hin zu einer pragmatischen und breitgefächerten, interdisziplinären Sicht- und Vorgehensweise. Dabei bewegte man sich weg von der **Ursachenforschung** und ging hin zur pragmatischen **Bedingungsanalyse** förderlicher **Bedingungen** für Lesen und Schreiben.

Die eher monokausal gerichtete Ursachenforschung ist der Betrachtung des komplexen Wirkungsgefüges leseförderlicher Bedingungen gewichen. Es wird „nicht nach den Ursachen der Legasthenie gefragt … , sondern danach, welche Voraussetzungen Kinder zum erfolgreichen Lesen- und Schreibenlernen brauchen. Dies kennzeichnet eine entscheidende Wende in der Legasthenieforschung"

(SOMMER-STUMPENHORST, 1991, S. 24). Entscheidend im deutschsprachigen Raum ist in diesem Zusammenhang das von BETZ/BREUNINGER 1982 vorgestellte Modell der Teufelskreise.

Leider ist die Schule in vielfacher Hinsicht bei dieser Entwicklung nicht mitgekommen. Viele Pädagogen schauen irritiert umher und verharren in einem Vakuum. Eine dringend benötigte Abstimmung und Koordinierung der verschiedenen Schulebenen zu diesem Problembereich, Lehrer – Schulleitung – Schulaufsicht – Bezirksregierung – Kultusministerium, mit Kommunikation in beiden Richtungen, erstickt im Gewirr der Bürokratie. Dazu kommen die mit Ende der 80er Jahre zunehmend engeren fiskalischen Spielräume. Die Ausbildung von Legasthenielehrern ist gestoppt, Förderkurse werden häufig nicht angeboten oder fallen einer schwerfälligen Schulorganisation zum Opfer. Der einzelne Lehrer ist oftmals überfordert, schaut deswegen nicht hin und sieht die Kinder nicht mehr, die dringend einer Förderung bedürfen.

2.2 Private Anbieter

In dem Maße, wie sich die Schule zunehmend weniger den Anforderungen einer angemessenen und intensiven Förderung der Schülerinnen und Schüler widmet, sind auf dem freien Markt Institutionen entstanden, die sich der Förderung dieser Kinder annehmen. Aus Sicht des Autors als Teil der öffentlichen Verwaltung muß an dieser Stelle auf den Widerspruch hingewiesen werden, der dadurch entsteht, daß hier das Recht auf Bildung und Ausbildung in einem wesentlichen Punkt durch nicht in jedem Fall allgemein zugängliche Maßnahmen wahrgenommen wird. Hinzu kommt die Frage der nicht überprüfbaren Qualität der privatwirtschaftlich arbeitenden Institutionen.

3. Aufgaben der Schule und des Lehrers

Jeder Lehrer hat Erfahrungen im erfolgreichen Arbeiten mit Schülern. In der pädagogischen Ausbildung und der praktischen Umsetzung und Erfahrung damit hat er gelernt, mit Schülern und für Schüler einen Weg zum Lernerfolg zu finden. Schulpsychologen sehen eine wesentliche Aufgabe darin und halten es für ganz wichtig, Lehrern dieses wieder deutlich vor Augen zu führen und sie im Zusammenhang mit lese- und rechtschreibschwachen Schülern an ihre eigenen Fähigkeiten und Kompetenzen zu erinnern, sie zu ermutigen, diese wahrzunehmen.

Es ist meiner Ansicht nach nie klar genug ausgesprochen worden, daß bei der Behebung massiver Lese- und Rechtschreibschwierigkeiten weder die Pädagogik noch die Schulpsychologie allein die entsprechenden Methoden bereithalten, dem einzelnen Kind zu helfen. Es äußern sich auch immer wieder Mediziner zu diesem Problem, weil hier die falsche Annahme eines Krankheitszustandes von seiten der Schule oder Familie angenommen wird. Viel wichtiger ist der in diesem Buch vorgestellte multiprofessionelle Ansatz, in dem aus einer breiten Palette von Fachgebieten, wie z. B. Pädagogik, Sonderpädagogik, Psychologie, Medizin, Ergotherapie, Heilpädagogik, Psychomotorik, Musiktherapie, Heilpädagogisches Reiten und Voltigieren oder Motopädie (synonym gemeint zur Motopädagogik und Motologie), die Elemente herausgearbeitet werden, welche die Bedürfnisse des jeweiligen Kindes am ehesten ansprechen.

In diesem Buch wird von guten Erfahrungen berichtet, die in einem interdisziplinären Zugang auf diese Kinder gemacht worden sind. Dies legt nahe, daß nicht nur Pädagogik (mit den Bereichen Sprache, Sport und Sonderpädagogik) und Psychologie, sondern ergänzend dazu auch die oben genannten Fachgebiete wesentliche Beiträge und Ergänzungen zu diesem multifaktoriell bedingten Phänomen leisten können.

Unangetastet bleiben muß die Verantwortung der Schule und der Lehrer für die Gestaltung des Lernens.

„Der Lehrer kann die LRS – wie jede andere Störung – sofort im Klassenzimmer und zu jedem beliebigen Zeitpunkt erkennen; er braucht nur die Lese- und Rechtschreibleistung zu betrachten" (BETZ/BREUNINGER, 1982, S. 67).

Fragen der Didaktik und Methodik beim Erlernen des Lesens und Schreibens sind Gebiete der Pädagogik. Unglücklicherweise sind zu wenig Lehrer im Bereich des Erstlese- und -schreibunterrichtes spezialisiert, so daß hier nachqualifiziert werden muß. Es bietet sich an, Elemente aus der Reform- und Sonderpädagogik in die allgemeine Pädagogik zu übernehmen, da lese- und rechtschreibschwache Schüler „besondere" Schüler sind und dementsprechend betrachtet werden sollten.

4. Aufgaben der Schulpsychologie

Schulpsychologie hat sich seit ihrem Bestehen in zwei Richtungen entwickelt. Zum einen wird sie in der Aufarbeitung und Behebung schulischer Defizite aktiv. Sie hilft dort, wo pädagogisches Wissen und Handeln durch Psychologie ergänzt werden kann und verhilft dem Lehrer und auch dem Schüler und seinen Eltern zu einem erfolgreichen Bewältigen der schulischen Probleme. Zum anderen nimmt Schulpsychologie als praxisnahe und beobachtende Wissenschaft die Erfahrungen aus diesem Teil ihrer Arbeit und bringt ihn ein in Lehrerfortbildung und die Zusammenarbeit mit Schulen als System. Hier betreibt sie Schulentwicklung. Wenn sie dies richtig macht, trägt es dazu bei, Fehlentwicklungen zu vermeiden.

In Nordrhein-Westfalen hat sich über lange Jahre eine auf diesen zwei Säulen ruhende Schulpsychologie entwickelt. Diese zwei Aspekte von Schulpsychologie sind die Einzelfallhilfe und die Einzelfallübergreifende Hilfe. Bei der Einzelfallhilfe steht das Schulproblem eines einzelnen Kindes im Vordergrund, bei der Einzelfallübergreifenden Hilfe das Zugehen auf das System Schule im weitesten Sinne mit dem Ziel, Schule weiterzuentwickeln und zu unterstützen.

Dabei sieht sich Schulpsychologie bei Fragestellungen bezüglich eines einzelnen

Kindes immer in der Situation, das Kind, seine Familie und die Schule (Lehrer, Mitschüler) mitzubedenken. Lange bevor es den als systemisch beschriebenen Ansatz gab, wurde so verfahren. Dies bedeutet, daß das Kind im wesentlichen als Symptomträger verstanden wird, aber durchaus nicht immer der Mittelpunkt der zu treffenden Maßnahmen ist. Gerade bei Schülern mit Lese- und Rechtschreibschwierigkeiten ist eine intensive Zusammenarbeit mit und Beratung der Lehrer und Eltern des Kindes von großer Wichtigkeit. Hier liegt ein Schwerpunkt für den Schulpsychologen im Umgang mit dem Phänomen LRS, da er als professioneller Berater mit den zu erwartenden und völlig logischen Abwehrhaltungen, Verleugnungen, Kränkungen und Widerständen bei Eltern und Lehrern angemessen arbeiten kann.

Bei der Einzelfallübergreifenden Arbeit steht eine Lehrergruppe, ein einzelner Lehrer, ein ganzes Kollegium, eine Elterngruppe oder auch die Schule insgesamt im Vordergrund. Lehrer haben Wünsche für ein klärendes Gespräch bezüglich schwieriger Unterrichtssituationen, oder eine Lehrergruppe möchte einen neuen Ansatz mit externer Beratung erarbeiten. Das Kollegium könnte den Wunsch haben, diagnostische Verfahren kennenzulernen oder die Fördermöglichkeiten innerhalb der Schule weiterzuentwickeln.

Das Wissen und die Erfahrungen der beiden Ansätze stehen in einer engen, wechselseitigen Beziehung. Historisch hat sich die Einzelfallübergreifende Arbeit aus der Einzelfallarbeit entwickelt. Die Erfahrungen der Schulpsychologen mit einzelnen Schülerinnen und Schülern führte dazu, daß sie Ideen entwickelten, wie Schulprobleme vermieden werden könnten. Dies bedeutete, daß eine Zusammenarbeit mit dem Umfeld der Schüler ausgebildet werden mußte. Logisch war dabei, sich den Lehrern und Eltern zuzuwenden.

Eine besondere Stärke schulpsychologischen Handelns besteht in der engen Zusammenarbeit mit der Schule. Bei einem Schüler mit Schwierigkeiten im Erlernen des Lesens und Schreibens bedeutet dies, daß der Schulpsychologe seine Maßnahmen in enger Absprache mit dem Lehrer trifft. Dabei ist es besonders wichtig, die Gegebenheiten und Möglichkeiten der betreffenden Schule miteinzubeziehen. Letztendlich führt dies auch dazu, daß der Lehrer durch seine an diesem Einzelfall erprobte und erweiterte spezielle Kompetenz in Zukunft bei anderen Schülerinnen und Schülern einsetzen kann.

Es besteht eine große Diskrepanz zwischen der Akzeptanz nach und Forderung von Schulpsychologie gegenüber der nichtvorhandenen gesetzlichen Grundlage. Schulpsychologie ist nicht verankert. Nirgendwo ist festgelegt, daß schulpsychologische Hilfestellung zu den Pflichtaufgaben des Staates oder der Kommune gehört. Genauso wenig existiert Schulpsychologie als eigenständige Disziplin oder Schwerpunkt innerhalb der Psychologie an den Universitäten des Landes. Das, was es an schulpsychologischer Versorgung gibt, beruht auf der Weitsicht engagierter einzelner und nicht auf einer institutionell verankerten Systemeinsicht. Demgegenüber überrascht es immer wieder, wie häufig in Büchern und Zeitschriften bei unterschiedlichsten Fragestellungen der Schulpsychologe als der geeignete Experte für den Bereich Schule genannt wird.

5. Aufgaben der Schulpsychologie bei der Lese- und Rechtschreibschwäche (LRS)

Eingeschränkt werden muß diese Aussage in der Richtung, daß es nicht zum Pflichtkanon eines Schulpsychologen gehört, Experte auf dem Gebiet der Lese- und Rechtschreibschwäche zu sein. Immerhin kann man allerdings erwarten, daß sich ein Schulpsychologe relativ schnell in diese Thematik einarbeiten kann – sofern Zeit zur Verfügung steht und andere schulpsychologische Tätigkeiten hintangestellt werden. Bei der gegenwärtigen Mangelversorgung mit Schulpsychologen sind hier Defizite über längere Zeit zu erwarten. Ungeachtet dieser Tatsache sollten die guten Erfahrungen, die in diesem Zusammenhang aus dem Bereich der Schulpsychologie kommen, modellhaft zur Nachahmung stehen dürfen.

6. Beispiel: Schulpsychologische Beratungsstelle der Stadt Münster

Die Arbeit mit Schülerinnen und Schülern mit Schwierigkeiten im Erlernen des Lesens und Schreibens in der Schulpsychologischen Beratungsstelle der Stadt Münster hat eine 25jährige Tradition. Gerade auch diese Beratungsstelle wurde 1970 mit der Aufgabenstellung eingerichtet, die Schulen der Stadt bei der Bewältigung dieser tagtäglich schwierigen Aufgabe zu unterstützen und einzelnen Kindern und ihren Familien die notwendige Hilfestellung zu geben, um aufgetretene Probleme zu entschärfen, vielleicht sogar zu beheben.

In den zurückliegenden 25 Jahren sind diese Fördermaßnahmen kontinuierlich weiterentwickelt worden. Im Sinne der in diesem Buch beschriebenen interdisziplinären Vorgehensweisen werden die jeweiligen Schülerinnen und Schüler im Rahmen eines breitgefächerten Angebotes unterstützt. Ein Kind, welches mit einer gravierenden Lese- und Rechtschreibschwäche gemeldet wird, kann u. U. in einer der folgenden Gruppenfördermaßnahmen eine Betreuung erhalten: Lese- und Rechtschreibförderung, Sprachförderung, Konzentrationstraining, Autogenes Training, Graphomotorisches Training, Psychomotorische Übungsgruppe, Spielgruppe, Trampolingruppe oder das Heilpädagogische Reiten und Voltigieren. Dies spiegelt das breite Verständnis für den Bereich Lese- und Rechtschreibförderung wider. Dabei ist wichtig, daß die Fördermaßnahmen für den Schüler integrativer Bestandteil des gesamten Beratungsprozesses in jedem Einzelfall sind. Von gleicher Wichtigkeit ist es, die Beratung der Eltern und der Lehrer des Kindes gleichzeitig mitzuentwickeln. So können die Veränderungen beim Kind, bei den Eltern und beim Lehrer am besten ihre maximal positive Kraft in gegenseitiger Verstärkung entfalten. Je nach Aufmerksamkeit der Lehrer und Schulpsychologen schwanken die prozentualen Anteile der mit einer Lese- und Rechtschreibschwierigkeit gemeldeten Schülerinnen und Schüler. Dazu kommt die Tatsache, daß es LRS-Anmeldungen gibt, bei denen nach eingehender Anamnese eine primär andere Fragestellung, wie z. B. Familienprobleme oder auffälliges Verhalten des Kindes im Unterricht, bearbeitet wird und solche, bei denen Lese- und Rechtschreibschwierigkeiten zunächst gar nicht genannt werden, nach einer ersten Untersuchung der Schulpsychologen gerade aber in diesem Bereich Defizite bestehen. Über die Jahre hinweg ist unter diesen Einschränkungen ein Anteil von ca. 25% lese- und rechtschreibschwacher Schülerinnen und Schüler in der Beratungsstelle angemeldet worden. Bei rund 400 Anmeldungen pro Jahr ergeben sich daraus 2500 Schülerinnen und Schüler in 25 Jahren, denen bei der Behebung ihrer massiven Lese- und Rechtschreibschwierigkeiten geholfen wurde. Die Betonung massiv sei an dieser Stelle noch einmal hervorgehoben, da nur gravierende Fälle zur Anmeldung in die Beratungsstelle gelangen.

In den 25 Jahren hat es vielfältige Entwicklungen in der Arbeit mit den Kindern gegeben. Wenn auch nicht in jedem Fall möglich, so wird das im Rahmen dieses Buches beschriebene Konzept mit seinem multiprofessionellen Ansatz und dem Versuch, alle Sinnesmodalitäten des Kindes anzusprechen, von allen Mitarbeiterinnen und Mitarbeitern der Beratungsstelle getragen.

7. Ausblick

Ein wesentlicher Gesichtspunkt dabei ist, daß auch eine schulpsychologische Beratungsstelle darauf angewiesen ist, ihre ureigenen schulpsychologischen Fachkenntnisse durch das fachliche Wissen anderer Berufsgruppen zu erweitern. Diesem Umstand konnte in Münster gut Rechnung getragen werden, indem der Beratungsstelle großer Spiel- und Freiraum in der Beschäftigung von Honorarkräften zuerkannt wurde. Ohne die bürokratischen Einschränkungen und Berücksichtigungen von Stellenplänen konnte so viel Unterschiedliches erprobt und eingeführt werden.

8. Literatur

BETZ, D./BREUNINGER, H.: Jedes Kind kann schreiben lernen, Weinheim und Basel 1982
BREUER, H./WEUFFEN, M.: Lernschwierigkeiten am Schulanfang, Weinheim 1993
BRÜGELMANN, H.: Die Architektur des Gehirns… In: BRÜGELMANN, H./BALHORN, H.: Das Gehirn, sein Alfabet und andere Geschichten, Konstanz 1990
Der Arbeitskreis der Leiterinnen und Leiter Kommunaler Schulpsychologischer Dienste beim Städtetag NW, Erfahrungen und Empfehlung zur Optimierung des Lese- und Schreibunterrichts in der Schule in Nordrhein-Westfalen, Köln 1995
SOMMER-STUMPENHORST, N.: Lese- und Rechtschreibschwierigkeiten: vorbeugen und überwinden, Frankfurt am Main 1991
THEWALT, B.: Ist eine Prävention von Lese-Rechtschreibproblemen möglich? In: Pädagogische Welt, 2/94
ZINGELER, U.: Bericht über einen Bereich schulpsychologischer Tätigkeit im Schuljahr 1992/93, Bildungs- und Schulberatung des Kreises Gütersloh, unveröffentlichtes Manuskript, Gütersloh 1993

12.

FRANZ ARENHÖVEL / BERNHARD RINGBECK

Arbeitsmittel und Lern- materialien für Kinder mit Lernschwierigkeiten

1. Förderung der basalen Wahrnehmungsfähigkeit

Unser Förderansatz geht davon aus, daß durch tägliche, in den Unterricht inte-
grierte Wahrnehmungsübungen Entwicklungsanregungen gegeben werden können, die vielen Kindern fehlen. Durch die gezielte Anwendung äußerer Reize –
auch durch die Bewegung, denn ich bewege mich, wenn ich über den Fußweg gehe,
die Materialien an der Tastwand „be"greife – wird die Funktion des Gehirns verbessert und die Teilnahme an lernfördernden Prozessen effektiver.

Auf dem Flur vor unseren Lernwerkstätten können wir einige Wahrnehmungsübungen durchführen, die die Kinder auch während der Förderstunden nutzen
können: Tastwände, ein Fußweg und Tastkisten.

Die eine Tastwand besteht aus unterschiedlichen Materialien mit verschiedenen Oberflächenstrukturen: rauh,
glatt, weich, hart etc. So findet man dort
Schmirgelpapier, einen Handfeger,
eine Drahtbürste ebenso wie einen
Schwamm, aufgeklebte Federn, einen
Spiegel usw. Die zweite Wand ist
mit verschiedenen Strukturtapeten
beklebt. In den Tastkisten sind ver-
schiedenartige Materialien wie Holz-
und Glasperlen, Federn, Schafwolle,
Pappe, Styropor u. a. m. In den Holz-
kisten des Fußweges gehen die Kinder
barfuß über Holzmulch, Holzperlen,
Schaumstoff, Korken, Kieselsteine,
Sand, Stroh, über unterschiedlich lange
Holzpalisaden und über Watte.

Sabine geht über den Fußweg

Petra „be"greift Buchstaben in den Fühlkisten und liest aufbauend die Wörter

2. Förderung der einzelnen Wahrnehmungs-bereiche

Die angeführten Arbeitsmittel und Lernmaterialien werden in den Intensivmaß-nahmen und in den nachmittäglichen Förderangeboten eingesetzt. Wir machen die Erfahrung, daß sie für die Altersgruppe der sieben- bis zwölfjährigen Kinder sowie im Einzelunterricht wie auch in Phasen der Binnendifferenzierung gut geeignet sind. Auch in der Freiarbeit und in der Arbeit nach dem Wochenplan haben wir die Materialien eingesetzt. Sie zeigen überdauernde Lernerfolge und werden von den Kindern gern angenommen.

Einige Materialien und Übungsvorschläge finden sich sicherlich auch in anderen Publikationen, viele Anregungen sind aber unseres Wissens nach nicht so sehr im Grundschulbereich verbreitet. Zur besseren Übersicht und schnelleren Handhab-barkeit haben wir die Fördermöglichkeiten einzelnen Schwerpunktbereichen zu-geordnet.

Die Auflistung dieser Fördermöglichkeiten erhebt keinen Anspruch auf Voll-ständigkeit. Hier wird eine Auswahl angeboten.

Diese Vorschläge sind nicht nur Fördermaterialien für den Unterricht mit lese- und rechtschreibschwachen oder mit rechenschwachen Kindern, sondern können auch in den eigenen Unterricht übernommen werden. Weitergehende Anregungen sind der unten angegebenen Literatur zu entnehmen.

138

2.1 Förderung der auditiven Wahrnehmung

Nicht alle Kinder können nach den Ebenen der unterschiedlichen Bedeutsamkeit (Wichtigkeit) ihre auditive Aufmerksamkeit steuern. Sich überlappende Geräusche sind für diese Kinder so verwirrend, vielfältig und bisweilen auch lautstark, daß Schallereignisse, die einen Aufforderungscharakter mit Signalwirkung haben, aus dem akustischen Hintergrund auditiv nicht aktiv herausgelöst werden können. Dazu ein Beispiel: Geräusche, die gleichzeitig dargeboten werden, können von diesen Kindern nicht analysiert werden.

Dieser gerichtete Wechsel der auditiven Aufmerksamkeit hinsichtlich der Figur-Wahrnehmung und der Hintergrund-Wahrnehmung muß im Unterricht unabhängig von der Intensität eines Reizes durch das Kind ständig geleistet werden.

Wir Lehrpersonen müssen uns vergegenwärtigen, daß ein Kind nur die akustischen Angebote deutlich erkennt, auf die es seine Aufmerksamkeit gezielt richtet. Dazu ein weiteres Beispiel: Wenn sich mehrere Personen in einem Raum in verschiedenen Gruppen unterhalten, bekomme ich nur das Gespräch mit, auf das ich meine Aufmerksamkeit richte. Die Unterhaltung der übrigen Gruppen nehme ich nur ungenau wahr.

Schüler mit Integrationsstörungen ertragen Formen von akustischer Überfrachtung nicht und können deshalb dem Unterricht nicht folgen. Sie wirken unaufmerksam und zeigen häufig ein unorganisiertes Lernverhalten, da sie die Fähigkeit der willentlich gesteuerten und wechselnden Aufmerksamkeitsausrichtung nicht beherrschen. Diese Schüler sind gefährdet, ihre auditive Aufmerksamkeit auf jeden akustischen Reiz zu richten, der sich ihnen anbietet bzw. sich ihnen aufzudrängen scheint. Diese Schüler haben Schwierigkeiten, das notwendige Übergleiten des Aufmerksamkeitszentrums von einem Reizangebot zum anderen aktiv und kontrollierend zu steuern. Das bedeutet: Die Kinder müssen Fähigkeiten entwickeln, mit deren Hilfe es ihnen gelingt, sich jeweils aktiv auf den wichtigen akustischen Reiz zu konzentrieren, ohne sich von den umgebenden Reizen ablenken zu lassen.

2.1.1 Übungen zur akustischen Wahrnehmung

- Geräusche sind mit geschlossenen Augen zu erraten: Alltagsgeräusche sind zu unterscheiden und ihre Quellen zu nennen: Klappern mit dem Schlüsselbund, Tür aufschließen, Licht anknipsen, Wasser umgießen, mit Löffel in einem gefülltem Glas umrühren, an die Tür klopfen, mit Wasser gurgeln.
- Geräusche zuordnen: Die Geräusche sind zu unterscheiden, ohne daß die betreffenden Gegenstände gesehen werden. Mit gleichen oder verschiedenen Gegenständen werden akustisch ähnliche Geräusche erzeugt: Packpapier und Seidenpapier knüllen, beide Papierarten zerreißen, Stoff zerreißen u. v. a. m.
- Hörmemory; Gegenstände in Filmdöschen müssen paarweise zugeordnet werden.
- Wo piept es? Die Kinder stehen mit geschlossenen Augen in der Mitte des

Raumes. Im Raum bewegt sich ein Kind und sagt leise „piep". Es ist zu raten, woher das Piepsen kommt.

- Wörter heraushören. Den Kindern wird eine Geschichte erzählt. Sie heben immer die Hand, wenn beim Erzählen ein vorher festgelegtes Wort vorkommt (z. B. „der", „und" o. a.).
- Falsche Wörter erkennen: In einer Geschichte, die vorgelesen wird, sind falsche Wörter versteckt. Sie sind zu erkennen. Wer ein falsches Wort erkennt, hebt die Hand, z. B.: Es ist ein kalter Hintermorgen (statt Wintermorgen).
- Rhythmen werden vorgegeben, die von den Kindern nachgeklatscht werden.
- Mit Heul- oder Schleuderhörnern werden Geräusche erzeugt.
- In den Hör- oder Schleuderhörnern „laufen" Kugeln. Die Kinder verfolgen den Lauf der Kugeln.
- Hören-Sehen-Schreiben-Kontrollieren; ein audio-visueller Lehrgang zur Unterscheidung von Geräuschen und Lauten (Delto-Verlag, Münster, 1982)
- Was hörst du? Geräusche erkennen und raten. Mit Tonkassette. (Otto Maier Verlag, Ravensburg)

An dieser Stelle muß auch auf die wachsende Bedeutung von „Stille-", „Ruhe-" und Entspannungsübungen in der Grundschule hingewiesen werden.

2.1.2 Unterscheidung von Lauten

- Unterscheidung von Lauten im Anlaut, Inlaut oder Auslaut
- Wörter verändern: Was passiert, wenn wir statt eines „a" ein „o" sagen? Der Lehrer gibt Wörter vor:

Tanne – (Tonne)	Waage – (Woge)	Baß – (Boß)
Hase – (Hose)	Made – (Mode)	lachen – (lochen)

Weitere Beispiele: „a" durch „u", „a" durch „i" usw. ersetzen.
- Wortreihen: Es ist in einer Folge von vier Worten zu erkennen, welches der vorgesprochenen Wörter zweimal vorkommt:
Suppe – Salat – Suppe – Braten
Eierkuchen – Pudding – Obst – Pudding
- Wörter suchen: Die Kinder sitzen im Kreis. Ein Kind steht mit dem Ball in der Kreismitte. Es fordert die Kinder auf, Wörter zu finden, die mit einem bestimmten Anlaut beginnen. Dann wirft es einem Kind den Ball zu. Dieses Kind nennt ein Wort mit dem geforderten Anlaut und wirft den Ball zurück.
- Rätselraten: Es wird mit einem Wort begonnen, die Kinder achten auf den letzten Laut. Er ist der Anfangslaut des nächsten Wortes. Von diesem ist wiederum der letzte Laut der Beginn des nächsten Wortes:
Ball – Leiter – Rad – Dame – Esel usw.
- Hörhilfen; ein akustisches Trainingsprogramm (Delto-Verlag, Münster, 1992)
- Arbeitshilfen zum Erstleseunterricht und zur individuellen Förderung im Sprachgebrauch (Verlag Ludwig Auer, Donauwörth)
- Spielekartei: Deutsch; 1. Schuljahr (Hagemann-Verlag, Düsseldorf)

2.2 Förderung der visuellen Wahrnehmung

Unsere Kinder haben heute weniger Schwierigkeiten mit der visuellen Diskrimination – ein „Produkt" des täglichen Fernsehkonsums und des Comiclesens, das täglich tausendfach geübt wird. Daher sollte der visuellen Diskrimination nicht die große Bedeutung zukommen, die ihr z.B. in vielen Büchern (ich erwähne das FROSTIG-Programm) zugemessen wird.

- Puzzlespiele
- Nachbauen, Nachlegen nach Vorlagen (z. B. Würfelkonfigurationen)
- Bilderlotto und Memory
- Mit dem Schein der Taschenlampe werden Buchstaben, Zahlen u.ä. an die Decke projiziert.
- Unterscheidung verschiedener Muster mit Stoffproben oder Strukturtapeten
- Aufgaben auf dem Geobrett: Die Form einer Strichzeichnung wird auf dem Geobrett mit Gummibändern nachgelegt.
- Unvollständige Zeichnungen werden vom Kind ergänzt.
- Vexierbilder: Finden von versteckten Figuren in den Linien einer Zeichnung

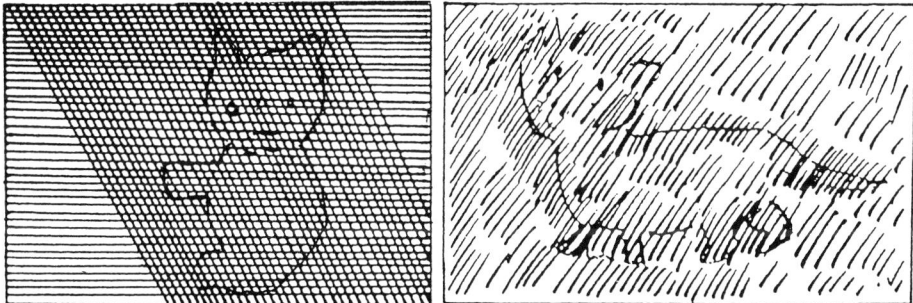

Vexierbild (vgl. Kossow, 1994, S. 43)

- Verschiedene geometrische Figuren sind so gezeichnet, daß sie sich gegenseitig überdecken. Das Kind muß die Umrisse nachzeichnen.
- Punktbilder werden nachgezeichnet.
- Ein Tachistoskop (z. B. ein Diaprojektor) kann Zahlen, Buchstaben, Wörter und Sätze, die auf die Diarahmen gezeichnet sind, je nach Vermögen der Kinder eine bestimmte Zeit lang zeigen. Die Kinder lesen und schreiben auf.
- Optische Hilfen, ein visuelles Trainingsprogramm (Delto-Verlag, Münster)
- Spiel Differix (Otto Maier Verlag, Ravensburg)
- Computerprogramme
  - Lesemeister (Verlag Ludwig Auer, Donauwörth)
  - Simula (Eugen Traeger Verlag, Osnabrück)
  - Sokoban
  - Tetris und Blockout

2.3 Förderung der taktilen Wahrnehmung

Mit Hilfe der stereognostischen Sinne (stereo = fest; gnosis = Erkenntnis) lassen sich von einem Gegenstand ohne Zuhilfenahme der Augen ausschließlich durch den Berührungssinn Konsistenz, Oberflächengrund, Stoffcharakter sowie Form und Dimension (bzw. Größe) erkennen. Man findet z. B. in einer Tasche, in der viele unterschiedliche Münzen sind, einen Groschen heraus.

- Förderung an nichtsprachlichem Material
  - Taktiles Domino
  - Taktiles Memory
  - Taktiles Puzzle
  - Blinde Kuh (Otto Maier Verlag, Ravensburg)
- Tastwände mit unterschiedlichen Materialien, Strukturtapeten u. a.

Anja erspürt die unterschiedlichen Materialien an der Tastwand

- Nudelbrett: Auf ein Brett sind unterschiedliche Nudelsorten geklebt, die die Kinder mit geschlossenen oder verbundenen Augen ertasten.
- In Fühlkästen sind geometrische Formen, die „be-griffen" werden müssen.
- In Fühlkästen sind eine Vielzahl von Materialien, die durch Betasten bestimmt werden können. Um mehr Konzentration auf das Fühlen, hier besonders der

142

Hände, zu lenken, werden die verschiedenen Materialien durch die Augen verdeckt angeboten. Hier ist es wichtig, vom Zugreifen zum Betasten überzugehen. Im Zugreifen ergeben sich nur Wahrnehmungen verschiedenen Druckes und verschiedener Grade von warm und kalt. Erst im Betasten, d.h. im leichten Hingleiten über die Flächen und im vorsichtigen Umfahren der Gegenstände werden besondere Qualitäten, Strukturen fühlbar. Um Fingerspitzengefühl zu entwickeln, sind auch leichte Abstände zur Sache notwendig, in denen die Fingerspitzen um die Dinge spielen können wie die Zunge, wenn sie etwas genau oder genießerisch kosten will (vgl. KÜKELHAUS, ZUR LIPPE, 1982, S. 119).

- Jeweils ein Holzbuchstabe kommt in eine Fühlkiste. Mehrere Buchstaben in den einzelnen Kisten ergeben ein Wort.
- Verschiedene Gegenstände fallen auf den Boden (Hörübung: Was hörst du auf den Boden fallen?), z.B. Sandsäckchen, Stäbe, Gummiringe, Schaumstoffteile, Seile, Kastanien. Die Kinder wälzen sich über diese Dinge.
- Sich mit dem Körper so auf die Gegenstände legen, daß man sich nicht gegen die Druckstellen verspannen muß. Was kann ich gut, schlecht vertragen?
- Sich Gegenstände auf den Rücken/Bauch/die Knie/Schultern legen lassen und transportieren.
- So viele Dinge wie möglich aufgelegt bekommen und eingeklemmt transportieren.
- Verschiedene Arten der Berührung an sich selbst ausprobieren, z.B. streicheln, antippen, beklopfen, abstreichen, zwicken, kratzen
  Was ist angenehm, was unangenehm?
- Durch eine Gasse kniender Kinder krabbeln
  Die anderen Kinder berühren den Rücken des krabbelnden Kindes in der Weise, wie es das gewünscht hat, z.B. streichen, tippen, klopfen.
- Geisterbahn
  Die sich Gegenüberstehenden denken sich zu zweit eine „Geisterbahnüberraschung" aus und bauen sie auf, z.B. ein gespanntes Tuch, ein Seil mit hängenden Fäden, Glöckchen, Schaumstoffteile, Therapiekreisel, Blasebalg.
- An dieselbe Stelle tippen, an der man eine leichte Berührung durch den Partner verspürte. Zwei Stellen werden so gleichzeitig lokalisiert.
- Nachrichten weitergeben
  Ein Klopfrhythmus, verschiedene Arten der Berührung oder eine Zeichnung werden auf dem Rücken empfunden und an den Vordermann weitergegeben. Die Kinder sitzen dazu in kurzen Reihen hintereinander, der Empfänger überträgt die Nachricht auf eine Trommel.
- Der Wind treibt die Blätter zusammen
  Die Kinder laufen immer enger umeinander, zuerst ohne sich zu berühren, dann mit Körperkontakt. Schließlich sinken sie aufeinander. Die Kinder beschreiben, wie sie liegen, welchen Körperteil und welche Person sie unter, auf, neben sich spüren (vgl. STAATSINSTITUT, 1992 b, S. 173).

- Förderung mit sprachlichem Material
  - Buchstaben, Zahlen aus Holz, Schmirgelpapier, aus Pfeifenreinigern, aus Samt usw.
  - Wörter aus Knete werden ertastet.
  - Gipsbuchstaben, Wörter aus Gipsbuchstaben werden gelegt.
  - Schreiben mit Stempelkästen, mit dem Lego-Composing Set (zu beziehen beim Schroedel Verlag), Baukasten etc.

3. Förderung der Feinmotorik

Eine angemessene Förderung der Feinmotorik ist, wie im Kapitel 6 ausführlich beschrieben, für das Erlernen der Kulturtechnik „Schreiben", für das korrekte Halten des Stiftes von enormer Bedeutung, zumal wir schon im Kindergarten immer mehr Jungen und Mädchen finden, die sich im Umgang mit alltäglichen Dingen wie Schere, Klebstoff, Messer, Löffel und Gabel sowie bei Fingerspielen, Ausmalübungen und Zeichnungen sehr schwer tun. Die bisher eingesetzten Materialien wie Bauklötze, Knete, Dominosteine, Mikado, Metallbaukasten, Legosteine und weitere Spiele aus dem Handel wie z. B. Spitz paß auf, Packesel, Angelspiele mit Magneten, Labyrinth, Hüpf mein Hütchen, Hämmerchenspiel finden sich mittlerweile so gut wie in jedem Kindergarten und in vielen Grundschulklassen.

In den letzten Jahren wurden weitere Spielangebote entwickelt, die wir aus unserem Erfahrungsbereich nur empfehlen können:

- Kapla-Spiel: Holzstäbchen werden aufeinandergetürmt
- Balance (Otto Maier Verlag Ravensburg)
- Stapelmännchen (Otto Maier Verlag Ravensburg)
- Fishing game; Antelope, zu beziehen über die KARSTADT AG
- Mathebaum-Spiel (Schroedel Verlag)
- Jenga / Balance Tower / Timbling Tower
- Angelspiel: „Fische" sind kreisrunde Plättchen mit einem Haken; an den „Angeln" sind Ösen.
- Skill (Parker)
- Dino (Parker)
- Tausendfüßler (Parker)
- Slotter (MB Spiel)
- Vier gewinnt (MB Spiel); ggf. auch als Computerspiel oder als Mathematikspiel mit einer Hundertertafel und Steckwürfeln. „Zahlenspender" sind zwei Zwölfer-Würfel (mit „0" und einem Joker. Bei einem Joker darf das Kind die Zahl wählen). Die Kinder erhalten zwei unterschiedlich farbige Steckwürfelmengen. Die Zahl, die gewürfelt ist, wird auf der Hunderterplatte durch einen Steckwürfel belegt. Wenn sich vier gleichfarbige Würfel in einer waagerechten, senkrechten oder diagonalen Reihe befinden, ist das Spiel beendet.

Sebastian und Rebecca „angeln" mit dem selbsterstellten Spiel

4. Spiele für die Wahrnehmungsförderung einzelner Lernbereiche

Wir Lehrer brauchen für den Anfangsunterricht ein didaktisch-methodisches Repertoire, um im differenzierten Unterricht allen Kindern gerecht zu werden. Aus diesem Grunde sind für die Lernbereiche Sprache und Mathematik Anregungen und Angebote zusammengestellt worden, die ein Lernen mit allen Sinnen unterstützen sollen.

4.1 Sprache im Anfangsunterricht

● Orientierung in der Umwelt, Erschließung durch Lernen mit allen Sinnen

– Taktil-vestibulär
Tastwände gestalten und sich an ihnen entlangtasten; trotz geschlossener Augen oben und unten unterscheiden

– Olfaktorisch
Riechmemory: Gerüche in Filmdöschen müssen mit verbundenen Augen paarweise zugeordnet werden.

– Auditiv
Geräuschquellen finden und aufsuchen; Hörmemory

– Gustatorisch
Buchstaben aus russischem Brot „be-greifen" und essen

– Taktil-kinästhetisch
Stationsbetrieb in der Turnhalle; Kinder bewegen sich auf dem Rollbrett von einer Station zur anderen. Ggf. können zwei oder drei Kinder auf dem Rollbrett fahren.

● Training der Greifmotorik und Handgeschicklichkeit

– Greifen und loslassen
Muggelsteine in Schachteln legen; Bälle schnell hintereinander werfen

– Pinzetten und Zangengriff
Aus kleinen Dingen (Muggelsteinen, Stäbchen) Muster nachlegen oder frei gestalten; Erbsen in eine Flasche füllen; Sicherheitsnadeln öffnen und schließen; Zettel mit einer Wäscheklammer aufhängen

– Fingerausdifferenzierung
Einzelne Finger wahrnehmen, bewegen und benennen; Fingerspiele, Herstellen von Fingerpuppen; „Klavierspielen", kneten

– Handbeweglichkeit
Schraub-/Drehbewegungen; kurbeln; schlagen; Spiel mit Kasperlpuppen; rhythmische Spiele mit beiden Händen (beide gleichzeitig oder abwechselnd), auf dem Handlabyrinth Kugel rollen lassen.

– Handhabung von Werkzeug
Besteck, Stifte, Pinsel, Schere, Flechtnadel, Hammer, Zange

● Funktionsübung der Sprechorgane

– Blasen wie der Wind, „tun, als ob" man eine Trompete bläst; durch einen Strohhalm auf die Hand; in die Haare, in ein gefülltes Wasserglas blasen (Atemübungen)

– Die Zunge in den rechten und in den linken Mundwinkel stecken; versuchen, sie ganz schnell von einem Mundwinkel zum anderen „springen" zu lassen (Übungen für die Zunge)

*Paula ist begeistert
vom Handlabyrinth*

– Bleistift zwischen den Lippen und der Nase halten, damit gehen, über ein Hindernis steigen, unter einem Tisch durchkriechen (Übungen für die Lippen). Weitere Übungsvoschläge in APEL / PETTER, 1990, S. 39 ff.

● Sprechmotorisch-kinästhetische Übungen

– Sprachmodulation: Hohe und tiefe Töne, laute und leise, kurze und lange Töne
  unterscheiden, nachahmen, eigenständig reproduzieren

Spielmöglichkeiten:	Bei lauten Tönen:	stampfen
	bei leisen	„normal" gehen
	bei lauten	laut sprechen
	bei leisen	flüstern
	bei kurzen	klatschen
	bei langen	zeichnen
	bei langen	großer Schritt
	bei kurzen	kleiner Schritt

(vgl. APEL / PETTER, 1990, S. 40)

147

● Sprachlaute und Lautverbindungen normengerecht bilden.

Die Korrektur von sprechmotorischen Abläufen ist stark an die auditive Wahrnehmung gebunden. Jede Artikulationsbehandlung sollte mit einer systematischen Hörerziehung parallel laufen. Diese muß den auditiven Entwicklungsstand eines Kindes berücksichtigen. Sie erfolgt im Sinne einer Reaktivierung der akustisch-auditiven Sprechkontrolle. Folgende Grundfunktionen einer Hörerziehung sind zu unterscheiden:

● Sprachlaute/Phoneme und Lautverbindungen in gesprochener Sprache heraushören und deutlich sprechen

Artikulationsgestörte Kinder haben große Probleme beim Zusammenlesen von Lauten; deshalb ist gezieltes Üben der Mundbild-Laut-Schriftzeichen-Zuordnung an Silben hilfreich.

● Artikuliertes Sprechen von Wörtern und Sätzen
– Zerlegen und Aufbauen von Wörtern:
  R-Rei-Reit-Reite-Reiter
  R-Rei-Reis-Reise
– Spielen mit Lauten
  Dri Chinisin mit dim Kintribis ...
– Unterscheiden klangähnlicher Wörter:
  Schiff – Fisch, Pudel – Kugel, Hand – Hemd
– Bedeutungsunterscheidenden Laut erkennen
  Tanne – Kanne – Wanne; Deckel – Dackel; sollen – wollen – rollen
– Sprechen (Singen) von Kinderreimen, Zungenbrechern
  Auf das Sprechen von Zungenbrechern sollte zunächst verzichtet werden, da die Häufung einzelner Laute von der Artikulationsfähigkeit und dem Konzentrationsvermögen her meist zu hohe Anforderungen stellt.

● Speichern von gut strukturierten Ganzwörtern (taktil-kinästhetisch, optisch, akustisch)
– Vergleichen von Wörtern mit Vorlage mit gleichem/verschiedenem Schrifttyp
  Memoryspiele anfertigen
– Duette, Terzette, Quartette gemeinsam erstellen mit gleicher/verschiedener Buchstabengröße
  Wörter in Zeitungen/Zeitschriften suchen und zusammenstellen
– nach ihrem Wortrahmen
  Wortrahmen einzelner Namen vergleichen und zuordnen

Petra   Otto   Petra

Heide   Coco   Heide

Namen nach Beschreibung des Wortrahmens finden; z. B. sieht aus wie eine Lokomotive:

⬜⬜⬜⬜   Heide   Otto   Oma

– in unterschiedlicher Raumordnung
– als Tastwörter aus Knete, Schmirgelpapier, Holzbuchstaben
– bei unterschiedlicher stimmlicher Intonation (laut/leise/hoch/tief)
– das längste/kürzeste Wort ertasten
– das längste/kürzeste Wort optisch und akustisch erkennen.
  Wer hat den längsten/kürzesten Namen?

● Reimwörter suchen:

  Im Zimmer steht ein Tisch,
  im Wasser schwimmt ein … .
  Der Lehrer ist in seiner Klasse
  und trinkt Tee aus seiner … .
  Durch den Raum huscht eine Maus,
  unser Beispiel, das ist … .

● Silben zählen

  An der Tafel stehen mehrsilbige Wörter (z. B. Dinosaurier, Postkutsche u. a.). Die Silben eines jeden Wortes werden geklatscht. Für jede Silbe darf sich das Kind ein Stäbchen nehmen. Dann wird gezählt, wie viele Silben die Wörter haben. U. U. muß die Anzahl der Silben der einzelnen Wörter bestimmt werden.
● Rätselturm (F. X. Schmid, Prien)
● Letra-Mix (Schmidt-Spiele, Eching)
● Basisprogramm Lesen & Schreiben, Band I bis III; ein ganzheitliches Lernmaterial für den Lese- und Rechtschreibunterricht (Delto-Verlag, Münster)

4.2 Mathematik im Anfangsunterricht

● Raumbegriffe gewinnen

– **Unter** Stühlen, Tischen, Langbänken durchkriechen, auch mit nackten Knien auf rauhen Teppichfliesen, auf Wellpappe
– Zungenübung: Bonbon **unter** bzw. **auf** die Zunge legen
– Verkehrserziehung: Was sehen wir **auf**, was **neben** der Straße?

● Spürhund-Spiel: Der Spürhund wartet draußen

  Es wird eine Spur aus Klebstreifen gelegt, die zu einem Stuhl führt. Kinder beraten, wo der Gegenstand (z. B. ein Schlüsselbund) liegen soll.
  „Wir legen den Schlüsselbund **auf** den Stuhl."
  „Wir legen den Schlüsselbund **unter** den Stuhl."
  „Wir legen den Schlüsselbund **neben** den Stuhl."

Der Spürhund wird hereingerufen und verfolgt mit verbundenen Augen die Spur bis zum Stuhl. Er tastet die Umgebung ab, bis er den Gegenstand gefunden hat. Er spricht: „Der Schlüsselbund liegt unter dem Stuhl." Erst dann wird ihm die Binde abgenommen (STAATSINSTITUT, 1992a, S. 86).

● Spiel mit akustischen Signalen

Metallophon: Hände **auf** dem Tisch
Triangel: Hände **unter** dem Tisch
Schellenband: Hände **neben** dem Tisch
Tambourin: Hände **im** Zwischenfach usw.

● Rechts und links unterscheiden

Bei der Übung zur Rechts-links-Unterscheidung ist es unbedingt notwendig, einige Tage nur die eine Seite zu üben. Erst nach mehreren Tagen kann man die Seite wechseln (Begründung u. a. auch durch die Ranschburgsche Hemmung: Ähnliches darf nicht gleichzeitig behandelt werden).
Wir spielen Verletzte: Unsere linken Hände haben Wunden, wir müssen alles mit der rechten Hand machen (linke Hand ggf. am Körper mit Bändern festbinden): Tasche aus- und einräumen, Nase putzen, sich waschen, grüßen, Buchstaben, Zahlen schreiben. In der Folgewoche rechte Hand anbinden (ebd., S. 91).

● Reihen bilden: Unterschiedlich lange Gegenstände (z. B. Buntstifte) werden nach der Größe geordnet. Hierbei muß auf die Versprachlichung Wert gelegt werden: Der grüne Stift ist länger als der rote usw. Auch die Körpergröße der Kinder kann so verglichen werden (ARENHÖVEL u. a., 1993, S. 12). Weitere Zuordnungsübungen: Unterschiedlich große Autos mit unterschiedlichen großen Anhängern, Vögel und Eier u. v. a. m.

● Zerlegungskisten mit 3, 4, 5, 6, 7, 8, 9 und 10 Perlen. Diese Kisten sind Aufgabenspender für Zerlegungsaufgaben im Zahlenraum bis 10 (vgl. ARENHÖVEL u. a., Übungsblätter, 1993, S. 16).

● Den Zahlbegriff erarbeiten; hier: die Zahl vier.
Vier Kinder spielen mit vier verschiedenen Instrumenten zur gleichen Zeit oder zeitlich versetzt zusammen. Einzelne Kinder mit verbundenen Augen dürfen sagen, wie viele Instrumente sie wahrnehmen, woher der Klang kommt und in welcher Reihenfolge die Instrumente erklungen sind (STAATSINSTITUT, 1991a, S. 61).

Ken und Andrea zerlegen Zahlen

- Puzzle mit Zahlzeichen und Mengen herstellen und von den Kindern richtig zuordnen lassen. Anmerkung: Mengen dürfen nicht als Würfelbilder erscheinen.

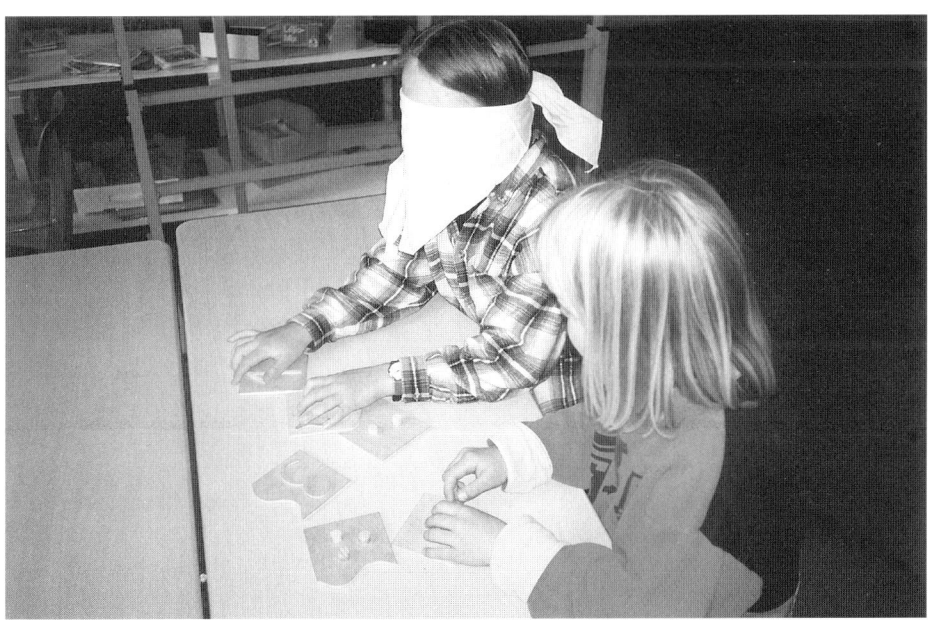

Nora und Imke spielen mit unserem taktilen Puzzle

- Taktiles Domino oder Memory: Zahlzeichen und Ziffer müssen mit verbundenen Augen erfühlt und zugeordnet werden. Als Material eignet sich Pappe mit Mengen und Ziffern aus Sandpapier, Schmirgelpapier, Samt, Holz u.a.m.
- Arbeit mit den Rechenschiffchen (Spectra-Verlag)
- MATHE-PUZZLES, 1. Jahrgang (Delto-Verlag)
- Mit den Rollbrettern eine numerierte Fähnchenstraße (z. B. 1–10) in der richtigen Reihenfolge abfahren
- Mengen halbieren und verdoppeln: Mengen mit Bällen, Seilchen, Stäben, Kegeln, Sandsäckchen mit 2 Gymnastikreifen halbieren lassen
- Wer kann möglichst viele Achter-(Fünfer-, …)Musik mit der Triangel und dem Tambourin machen? Ein Beispiel: Fünf Töne vom Tambourin und drei Töne von der Triangel sind zusammen acht, aber auch zwei Töne vom Tambourin und sechs von der Triangel. Welche Achtermusik fehlt noch?
- Legen und Erkennen von zusammengesetzten Formen des Tangram-Spiels
- Alle Neune, das pfiffige „Zahlen putzen" (MB Spiele)

5. Literatur

APEL / PETTER: Sonderpädagogische Fördermaßnahmen in den Lernbereichen Wahrnehmung-Sprache-Musik Spielen und Spiele-Musik und Rhythmik, NLI-Bericht 30, 6. Auflage, Hildesheim 1990

ARENHÖVEL, F. / WILDE, M.: Sehen-Hören-Schreiben-Kontrollieren, Münster 1982

ARENHÖVEL, F.: LESEMEISTER; ein Computerprogramm für den Erstleseunterricht, Donauwörth 1992

ARENHÖVEL, F.: Hörhilfen, Münster 1992

ARENHÖVEL, F.: Optische Analysen, Münster 1992

ARENHÖVEL, F.: Spielekartei: Deutsch; 1. Schuljahr, Düsseldorf 1989

ARENHÖVEL, F. u. a.: MATHEBAUM 1, Lehrerhandbuch, Hannover 1993

ARENHÖVEL, F.: Basisprogramm Lesen & Schreiben, Band I bis III, Münster 1994

BRAND, I. / BREITENBACH, E. / MAISEL, V.: Integrationsstörungen, Würzburg 1988

BREUER, H. / WEUFFEN, M.: Lernschwierigkeiten am Schulanfang, Weinheim 1993

HOLLE: Die motorische und perzeptuelle Entwicklung des Kindes, 3. Auflage, Weinheim 1993

KESPER / LUCKFIEL: Wahrnehmungsstörungen in ihren Auswirkungen auf Lernen, Sprache und Verhalten. In: Förderung wahrnehmungsgestörter Kinder, Dokumentation einer Fachtagung, Soest 1994, S. 49 ff.

KOSSOW, H. J.: Wahrnehmungstraining, Rostock 1994 (Eigenvertrieb)

KÜKELHAUS, ZUR LIPPE: Entfaltung der Sinne, Fischer 1982

STAATSINSTITUT FÜR SCHULPÄDAGOGIK UND BILDUNGSFORSCHUNG MÜNCHEN: Erstlesen, Würzburg 1991(a)

STAATSINSTITUT FÜR SCHULPÄDAGOGIK UND BILDUNGSFORSCHUNG MÜNCHEN: Erstschreiben, Würzburg 1991(b)

STAATSINSTITUT FÜR SCHULPÄDAGOGIK UND BILDUNGSFORSCHUNG MÜNCHEN: Erstrechnen, Teil 1, Würzburg 1992(a)

STAATSINSTITUT FÜR SCHULPÄDAGOGIK UND BILDUNGSFORSCHUNG MÜNCHEN: Erstrechnen, Teil 2, Würzburg 1991(c)

STAATSINSTITUT FÜR SCHULPÄDAGOGIK UND BILDUNGSFORSCHUNG MÜNCHEN: Musik und Bewegungserziehung, Würzburg 1992(b)

ZILCHER: Optische und akustische Wahrnehmungsförderung sprachentwicklungsverzögerter Kinder im Lernprozeß, 4. Auflage, Würzburg 1992

13. Franz Arenhövel / Bernhard Ringbeck
Nachmittägliche Förderangebote während der Schulzeit

Die Erfahrungen, die wir in den Intensivmaßnahmen der letzten Jahre gemacht haben, fließen mit in unser nachmittägliches Förderangebot ein, das die Schulpsychologische Beratungsstelle der Stadt Münster an der Margaretenschule durchführt. Inzwischen fördern wir über 80 Kinder (Stand Juni 1995) aus Münster und der näheren Umgebung, die Zahl der Anfragen wächst ständig.

1. Fördermöglichkeiten in den Lernwerkstätten der Margaretenschule

Die Kinder werden von Eltern oder Lehrern an der Schulpsychologischen Beratungsstelle der Stadt Münster angemeldet. Bei dieser Anmeldung wird schon geklärt, daß keine habituellen Teilleistungsstörungen vorliegen. Rückfragen an den abgebenden Schulen erfolgen, ob sich eine LRS oder Rechenschwäche manifestiert hat bzw. sich aufbaut.

Anschließend wird bei allen Kindern, die in der Margaretenschule gefördert werden, zunächst eine Überprüfung vorgenommen. Diese Überprüfung ist im Kapitel 3 näher beschrieben worden. Danach wird eine – vorläufige – Beurteilung aufgestellt, die Förderlehrerin erhält erste Hilfen für die Förderung.

Dazu ein Beispiel:

Name des Kindes: L.	*Schule: Martinischule*
Klasse: 2	*LehrerIn: Frau B.*
Lernschwierigkeiten: Rechenschwäche	*Überprüfung am: 22.03.1995*
Förderung durch: Herrn E.	*Uhrzeit: 15.30 Uhr*
Beginn: 05.04.1995	*Kontakt durch: Mutter*

Testverfahren:
– Überprüfung des visuellen Vorstellungsvermögens
– Überprüfung des Zahlenraumes bis 20
– Matheüberprüfung I

Einspluseinsaufgaben sind nicht automatisiert. Auch die Aufgabe 7 + 2 = x löst er zählend („zählender Rechner"). Rückwärtszählen von 88 gelingt ihm nur bis 80, Schwellenübergänge sind für ihn ein großes Problem. Im Zwanziger- und Hunderterzahlenraum kann er sich nicht bewegen.

Strukturen der Einmaleinsaufgaben sind ihm nicht bekannt. Auch diese Aufgaben löst er weiterzählend. Dabei kommen, ähnlich wie bei der Addition und Subtraktion, Verzählfehler vor.
Ergänzungs- und Zerlegungsaufgaben sind auch im Zwanzigerraum nicht lösbar.
Zahlen schreibt er bis 20 richtig, ab 21 nicht stellenwertgerecht.
Das Kurzzeitgedächtnis ist nicht ausgeprägt.

Ich halte folgende Maßnahmen zur Förderung von L. für dringend angebracht:

- *Förderung des visuellen Vorstellungsvermögens. Hier schlagen Lorenz/Radatz in ihrem Buch „Handbuch des Förderns im Mathematikunterricht" ab Seite 169 viele Übungsformen vor.*
- *Der Zahlenraum bis 20 muß noch einmal grundlegend erarbeitet werden. Dabei muß L. Material nutzen, das die Fünferzäsur berücksichtigt. Nachbaraufgaben, Halbieren und Verdoppeln sowie Analogieaufgaben muß er als Lösungsstrategien kennenlernen und anwenden können. Erst wenn der Zwanzigerraum gesichert ist, kann die Erarbeitung des Hunderterraumes erfolgen.*
- *Würfelspiele, um Zahlen miteinander zu vergleichen. Die gewürfelten Zahlen werden in ein Stellenwertsystem eingetragen.*
- *Das kleine Einmaleins muß noch einmal erarbeitet werden. Dabei ist es nach meinem Verständnis wichtig, daß er multiplikative Strukturen, etwa in der Umwelt, erkennt.*
- *Konzentrationsübungen, z. B. Fehlersuchbilder*
- *Kimspiele, um das Kurzzeitgedächtnis zu verbessern.*

Die mathematischen Defizite sind sehr groß. Ob sie allein in den Förderstunden des „normalen" Unterrichts durch binnendifferenzierte Maßnahmen behebbar sind, kann ich nur schwer einschätzen. Deshalb befürworte ich, daß er in der Lernwerkstatt im Einzelunterricht seine mathematischen Schwächen aufarbeitet.

Ein Gespräch mit der Klassenlehrerin, Frau B., sollte geführt werden.

Die Förderungen werden ausschließlich durch ausgebildete Lehrerinnen und Lehrer durchgeführt.
Wegen der nachgewiesenen Effektivität unserer Fördermaßnahmen dehnen wir an der Margaretenschule die außerschulischen Fördermaßnahmen aus. Das folgende Modell wird zur Zeit „erprobt". In dieser Konzeption spielen neben dem kognitiven Training ergotherapeutische und motopädische Übungen eine große Rolle. Wir denken an eine – zunächst stundenweise – Anstellung einer Motopädin und einer Ergotherapeutin. Die Bezahlung erfolgt durch die Eltern (10 DM pro Stunde) und durch Gelder, die uns die Stadt Münster zur Verfügung stellt.
Einzelnen Eltern, die diesen geringen finanziellen Beitrag nicht leisten können, stehen Freiplätze zur Verfügung.

Beispiel: Förderung von 14.30–17.30 Uhr; 4 Gruppen à 4 Kinder.

Angebot in der Lernwerkstatt   Angebot in der Turnhalle

| 14.30–15.15 Uhr, Gruppe I |

| 15.15–16.00 Uhr; Gruppe II | | 15.15–16.00 Uhr: Gruppen I und III |

| 16.00–16.45 Uhr; Gruppe III | | 16.00–16.45 Uhr: Gruppen II und IV |

| 16.45–17.30 Uhr; Gruppe IV |

2. Ausblick

Aufgrund unserer Erfahrungen lassen sich mehrere Konsequenzen einer Weiterführung „andenken":

1. Viele Übungen und Aufgaben aus unseren Intensivmaßnahmen sind einem Großteil der Lehrerinnen und Lehrern nicht bekannt. Wir denken an ergotherapeutische und motopädische Übungen, aber auch an ein gezieltes Wahrnehmungstraining und an Lernspiele. In Lehrerfortbildungsmaßnahmen gilt es, Kolleginnen und Kollegen für das ganzheitliche Konzept zu sensibilisieren und Übungsmöglichkeiten vorzuschlagen, die in den Unterricht mit übernommen werden können. Diese Vorschläge sind nicht nur im Förderunterricht für lese- und rechtschreibschwache bzw. rechenschwache Kinder einsetzbar, sondern dienen auch der Prophylaxe im Anfangsunterricht der Grundschule.

2. Es sollte überlegt werden, ob eine Lese- und Rechtschreibklasse nicht auch in einem Schullandheim für eine bestimmte Zeit – 14 Tage – eingerichtet werden kann. Zur Zeit planen wir solch ein Vorhaben. Wir wollen mit unseren Kindern eine Woche in das Schullandheim der Stadt Münster nach Hellenthal. Hier versuchen wir, unser ganzheitliches Angebot den Kindern in einer Woche zu vermitteln.

3. Wie in Schleswig-Holstein könnten Lese- und Rechtschreibklassen eingerichtet werden. In einem Zeitraum – etwa von den Herbstferien bis zu den Weihnachtsferien – werden die Kinder aus verschiedenen Schulen aus dem Unterricht herausgenommen und erhalten in einer bestimmten Schule eine intensive, ganzheitliche Förderung.

3. Nachwort (von Franz Arenhövel):

Lassen Sie mich zum Ende dieses Buches noch einige „provokante" Thesen zum augenblicklichen Diskussionsstand der Lese- und Rechtschreibschwäche aufstellen:

1. Für mich es es ganz sicher, daß die Zahl der Kinder, die eine Lese- und Rechtschreibschwäche und Rechenschwäche entwickeln, auch von der Qualität des Unterrichts abhängt.

2. Wenn jemand eine Lese- und Rechtschreibschwäche nur dadurch diagnostizieren kann, indem er einen Rechtschreibtest und einen Intelligenztest durchführen muß, muß er sich vorhalten lassen, ob nicht die Ergebnisse der Forschung der letzten Jahre an ihm vorbeigegangen sind. Wer jetzt noch den Diagnostischen Rechtschreibtest einsetzt, um eine Lese- und Rechtschreibschwäche zu diagnostizieren, kennt nicht die neuesten Forschungsergebnisse (siehe auch Kapitel 2 und 3).

3. Müssen eigentlich über 80 Kinder an unseren Fördermaßnahmen teilnehmen? Müssen Eltern in ihrer Not auf private Anbieter zurückgreifen, die bis zu 100 DM und mehr für eine Förderstunde verlangen und bekommen? Eltern zahlen für Dinge, für die eigentlich Schule verantwortlich ist. Ist das eigentlich verantwortlich?

4. Unser Erlaß zur Förderung von lese- und rechtschreibschwachen Schülern verlangt von uns Grundschullehrern ein hohes Maß an Professionalität im Lese- und Schriftspracherwerb. Diese Professionalität kann ich nicht von jedem Lehrer, von jeder Lehrerin verlangen, da sie auch aufgrund ihrer anderen fachlichen Schwerpunkte nicht in der Lage sind, einen sorgfältig durchgeführten Erstlese- und Schreibunterricht durchzuführen.

5. Ich kann auch nicht mit dem Wegfall des Notenschutzes klarkommen: Ein ganz wichtiger Baustein der Erziehung in der Grundschule ist für mich die **ermutigende Erziehung**. Das kann ich nicht leisten, wenn ich eine mangelhafte oder gar ungenügende Zensur unter ein Diktat, unter einen Mathetest setze. Ich habe für meine Person beschlossen, unter Klassenarbeiten keine Zensur unter ausreichend zu setzen, sondern verbale Hinweise, die dem Kind Hilfestellungen geben, damit die positive Grundeinstellung zum Lernen erhalten bleibt. Auf dem Zeugnis erscheint auch nicht „mangelhaft" oder „ungenügend", sondern eine verbale Bemerkung. Ich weiß, daß laut ASchO (Allgemeine Schulordnung) meine „Zensurenumgehung" nicht zulässig ist. Aber das nehme ich auf meinen breiten Rücken.

6. Es hält sich noch immer die Aussage, daß Reversionen nach SCHENK-DANZINGER (zitiert von GÜNTHER, 1986, S. 52) ein Hauptmerkmal der Lese- und Rechtschreibschwäche sind. LehrerInnen sprechen mich an und sagen: Bernhard ist rechtschreibschwach, weil er b und p, ei und ie etc. vertauscht. Es ist nachgewiesen, daß diese Fehler bei den guten wie bei sehr schwachen Schülern lediglich

1% ausmachen. BÜHLER-NIEDERBERGER beklagt zurecht, daß „die zentralen Aussagen des alten Konzepts (... Linksfaktor, Raumlagelabilität, legasthenie-spezifische Fehler und visuelle Wahrnehmungsmängel ...) – obschon wiederholt falsifiziert – mit einer gewissen Hartnäckigkeit immer wieder auftauchen und auch noch heute auftauchen ... sie scheinen sogar über bessere Publikations-chancen zu verfügen als die umfangreiche empirische Forschung zur Lega-sthenie und deren falsifizierende Befunde" (BÜHLER-NIEDERBERGER, 1991, S. 101).

7. Gezielte Hilfen können am wirkungsvollsten gegeben werden, wenn sie in einer Kleinstgruppe durchgeführt werden können. Der persönliche Kontakt, die per-sönliche Hilfe schafft Lernzuwächse, die man normalerweise nicht erwarten kann.

8. Ein letztes: Je länger ich mich mit der LRS beschäftige – und das sind mittler-weile fast 20 Jahre –, kann ich die Aussagen von Mechtild DEHN nur nach-vollziehen: Kinder, die schwache Ergebnisse bei den Wortdiktaten zeigen, er-weisen sich in der Regel als Kinder mit Rechtschreibschwierigkeiten. Alle Kin-der, die große Schwierigkeiten beim Wortdiktat haben, sprechen undeutlich. „Wir sehen darin ein weiteres Indiz für unsere These, daß Lese- und Recht-schreibschwächen auf vorgängigen mehr oder minder starken Beeinträchtigun-gen der gesprochenen Sprache beruhen können" (DEHN, M., zitiert in GÜNTHER, 1986, S. 53).

4. Literatur

BÜHLER-NIEDERBERGER, D.: Legasthenie. Geschichte und Folgen einer Pathologisierung, Opladen 1991

GÜNTHER, K. B.: Ein Stufenmodell der Entwicklung kindlicher Lese- und Schreibstrategien. In: BRÜGELMANN, H.: Abc und Schriftsprache: Rätsel für Kinder, Lehrer und Forscher, Konstanz 1986

RICHTER, S.: Die Rechtschreibentwicklung im Anfangsunterricht und Möglichkeiten der Vorhersage ihrer Störungen, Hamburg, 1992

14. Franz Arenhövel
Mögliche Verfahren zur Überprüfung einer Lese- und Rechtschreibschwäche sowie einer Rechenschwäche

Auf den folgenden Seiten sind einige Überprüfungsverfahren vorgestellt, die helfen sollen, eine Lese- und Rechtschreibschwäche und eine Rechenschwäche zu diagnostizieren. Ich möchte mit aller Deutlichkeit noch einmal darauf hinweisen, daß diese Überprüfungen **keineswegs** die einzigen Mittel sind, um eine Lernschwierigkeit festzustellen. Auch sollten diese „Tests" **nie** in einer Klassensituation eingesetzt werden. Wir benutzen diese Materialien **ausschließlich** in der Einzelüberprüfung.

Im einzelnen haben sich bei uns folgende Überprüfungsverfahren bewährt:

1. Überprüfung einer Lese- und Rechtschreibschwäche:

1.1 Lesetest 1, 2 und 3 (S. 160–162)

Diese Überprüfungen sind für die unterschiedlichen Jahrgangsstufen zusammengestellt. Während der Lesetest 1 für Erst- bis Drittkläßler relevante Ergebnisse aufzeigt, setzen wir die anderen beiden für ältere Schülerinnen und Schüler ein.

1.2 Bildertest 1 und 2 (S. 163 f.)

Welche Überprüfung wir einsetzen, ist wieder abhängig vom Alter und vom Vermögen des Kindes.

Wörter Bildertest 1:
Oma – Tor – Nase – Sofa – Hase – Nagel – Tafel – Auge – Leiter – Banane – Telefon – Radio – Würfel – Blume – Wurst – Fenster – Gürtel – Krokodil – Stempel – Flugzeug

Wörter Bildertest 2:
Gabel – Vogel – Elefant – Flugzeug – Bürste – Wecker – Qualm – Löwe – Stelzen – Schlüssel – Nagel – Pinsel – Trompete – Wurst – Fuchs – Giraffe – Wiege – Krokodil – Pfanne – Stiefel

158

1.3 Überprüfung der auditiven Diskrimination (S. 165)

Anlautbilder geben den zu suchenden Laut vor (z. B. „M" in der ersten Reihe). Nur die Bilder sollen durchgestrichen werden, in denen dieser Laut nicht zu hören ist (in der ersten Reihe: Birne).

1.4 Freies Schreiben

Als vierte Möglichkeit nutzen wir immer das Freie Schreiben. Die Kinder erhalten die Aufforderung, einen kurzen Test, etwa über Erlebnisse am Wochenende, zu schreiben. Diesen Test analysieren wir nach unseren Fehlerkategorien (siehe Kapitel 3).

2. Überprüfung einer Rechenschwäche

2.1 Überprüfung Mathematik Nr. I (S. 166 f.)

Dieser Test ist für Grundschüler gedacht.
Begonnen wird mit der Zahl-, Mengen- Größenauffassung. Nach dem Überprüfen der Rechenfertigkeit im Zahlenraum bis 20 (Anmerkung: Viele Kinder scheitern bei Ergänzungs- und Zerlegungsaufgaben, weil sie keine Lösungsstrategien für diese Aufgabentypen entwickelt haben), wird die Lateralität mit Hilfe des Punktefeldes kontrolliert. Ein Punkt wird vom Lehrer festgesetzt, den Kindern wird dann ein „Weg" diktiert, z. B.: Zeichne einen Strich nach rechts, dann nach unten, anschließend nach links, danach nach schräg rechts oben etc. Auf der zweiten Seite erfolgt eine Abfrage der Rechenfertigkeit im Zahlenraum bis 100. Dann kommen zwei Rechengeschichten. Nach den Einmaleinsaufgaben wird räumliches Vorstellungsvermögen verlangt, indem Türme aus Würfeln nachgebaut werden müssen. Auch diese Aufgabe wird differenziert dargeboten: Erstkläßler erhalten einfachere Aufgaben als ältere Kinder.

2.2 Überprüfung Mathematik Nr. II (S. 168 f.)

Die Überprüfung Nr. II unterscheidet sich durch ein anspruchsvolleres Zahlen- und Aufgabenmaterial.

LESETEST 1

Margaretenschule Münster

Name: Schule:

Klassenlehrer: gemeldet von:

Datum: geboren: Klasse:

Wir üben das Lesen

1. Oma	11. Pauke
2. Ali	12. Seite
3. Uli	13. Frage
4. Nase	14. Problem
5. lila	15. Traube
6. Sofa	16. schmutzig
7. Hose	17. Hufeisen
8. Melone	18. Mofareifen
9. Salami	19. Milchflasche
10. Rosine	20. Karussell

Lesezeit: _____ Sekunden   Lesefehler insgesamt:

LESETEST 2

Margaretenschule Münster

Name: Schule:
Klassenlehrer: gemeldet von:
Datum: geboren: Klasse:

___

 1. Rosine
 2. Sirene
 3. Arena
 4. Telefon
 5. Pelikan
 6. Reparatur
 7. Hefekuchen
 8. Autohupe
 9. Musiknoten
10. Zeichenlineal

11. Chinese
12. Lesezeichen
13. Aktentasche
14. Angsthase
15. Blütenknospe
16. Nebelscheinwerfer
17. Dampfkochtopf
18. Schreibtischunterlage
19. Vorsorgeuntersuchung
20. Musikinstrumentenbauer

Lesezeit: _____ Sekunden   Lesefehler insgesamt:

LESETEST 3

Margaretenschule Münster

Name: Schule:
Klassenlehrer: gemeldet von:
Datum: geboren: Klasse:

Der freche Drachen

Ernst und Eduard gingen auf die Stoppelfelder
und ließen ihren Drachen steigen.
Ernst hatte seinem Drachen
ein freundliches Gesicht gemalt.
Eduard hatte einen frechen Drachen gemalt.
Der lachte mit seinem breiten Mund
und streckte sogar die Zunge heraus!
Der Oktoberwind trug die Drachen steil empor.

Hei, juchhe!
Ho ruck! – O weh!
Der freche Drachen hatte Eduard
die Schnur aus der Hand gerissen.
„Halt!" schrie Eduard. „Dableiben."
Der Drachen aber, was machte er?
Hoch aus den Wolken lachte er.
Er flog davon, er flog hinweg
bis zu dem Städtchen Ätschepeck.   *Josef Guggenmos*

Fragen zum Text:

1. Weshalb gingen Ernst und Eduard auf die Stoppelfelder?
   ☐ Sie liefen einem Drachen nach.
   ☐ Sie liefen mit ihren Drachen um die Wette.
   ☐ Sie ließen ihre Drachen steigen.

2. So sah Eduards Drachen aus:
   ☐ Er lachte und streckte die Zunge heraus.
   ☐ Er hatte ein freundliches Gesicht.
   ☐ Er hatte ein lustiges Gesicht mit einer krummen Nase.

3. Was passierte beim Drachensteigen?
   ☐ Der freundliche Drachen riß Ernst die Schnur aus der Hand.
   ☐ Der freche Drachen riß Eduard die Schnur aus der Hand.
   ☐ Der freche Drachen riß Ernst den Drachen aus der Hand.

Text und Aufgaben aus: Hagspiel, J.: Lesemeister, Donauwörth 1991, S. 10

162

BILDERTEST 1

Margaretenschule Münster

Name: Klasse:

Schule: KlassenlehrerIn:

BILDERTEST 2

Margaretenschule Münster

Name: Klasse:

Schule: KlassenlehrerIn:

Überprüfung der auditiven Diskrimination

Margaretenschule Münster

Name: Klasse:

Schule: KlassenlehrerIn:

Überprüfung Mathematik Nr. I

Margaretenschule Münster

Name: Klasse: geb.:

Datum: Schule:

1. Zahl-, Mengen- und Größenauffassung

– Zählen von Perlen   ☐ 1:1 Zuordnung
                                                         ☐ Unsicherheiten

– Mathepuzzle; Zuordnung Mengen und Zahlen   ☐ Zählen
                                                         ☐ Simultanauffassung
                                                         ☐ Unsicherheiten

– Größenauffassung mit Hilfe der Cuisenaire-Stäbe   ☐ sichere Zuordnung
  größer – kleiner – gleich   ☐ Unsicherheiten

2. Rechnen im Zahlenraum bis 20

$7 + 2 =$ $13 + 4 =$

$9 + 6 =$ $8 + 3 =$

$8 - 2 =$ $17 - 5 =$

$6 - 4 =$ $12 - 7 =$

$3 + \underline{\quad} = 7$ $\underline{\quad} + 4 = 15$

$7 = 4 + \underline{\quad}$ $12 = \underline{\quad} + 4$

3. Überprüfung der Lateralität

.   .   .   .

.   .   .   .
                                                    ☐ sichere Zuordnung

.   .   .   .
                                                    ☐ Rechts-links-

.   .   .   .   Auffälligkeiten
                                                    ☐ Unsicherheiten

.   .   .   .

.   .   .   .

4. Rechnen im Zahlenraum bis 100

$47 + 8 =$ $27 + 7 =$

$39 + \underline{\quad} = 41$ $59 + \underline{\quad} = 63$

$53 - 5 =$ $74 - 8 =$

$55 - \underline{\quad} = 49$ $63 - \underline{\quad} = 55$

5. Rechengeschichte

$$\square + \square = \square$$

$$\square - \square = \square$$

6. Einmaleinsaufgaben

$8 \cdot 4 =$ $7 \cdot 6 =$

$6 \cdot 9 =$ $5 \cdot 8 =$

$56 : 7 =$ $81 : 9 =$

$45 : 5 =$ $\underline{\qquad} : 4 = 9$

7. Nachbauen von Türmen

☐ sichere Zuordnung
☐ Unsicherheiten

Überprüfung Mathematik Nr. II

Margaretenschule Münster

Name: Klasse:

Schule: KlassenlehrerIn:

---

1. $55 + 38 =$ _____ $93 - 44 =$ _____

    $27 + 68 =$ _____ $71 - 56 =$ _____

2. $76 +$ _____ $= 94$ $21 -$ _____ $= 2$

    $49 +$ _____ $= 92$ $54 -$ _____ $= 28$

3. $33 + 43 + 27 =$ _____ $65 - 29 - 25 =$ _____

4. $63 = 45 +$ _____ $27 =$ _____ $- 38$

5. $45\,832 + 19\,695$ $114\,895 \quad 68\,957$

    Überschlag: _____   Überschlag: _____

Rechnung:

Rechnung:

6. Eine Lieferung von 195 Kartons muß abgeladen werden. Der Gabelstapler kann 6 Kartons auf einmal abladen.

Frage: _____

_____

_____

Rechnung: _____

_____

_____

_____

_____

Antwort: _____

_____

7. $8 \cdot 4 =$ _____ $56 : 7 =$ _____

   $6 \cdot 9 =$ _____ $45 : 9 =$ _____

   $7 \cdot$ _____ $= 42$ $48 :$ _____ $= 8$

   _____ $\cdot 8 = 72$ _____ $: 4 = 9$

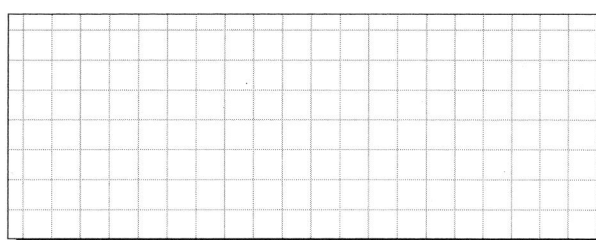

ZAHL gesucht

Wenn du sie durch
48 dividierst und dann
die Zahl 293 addierst,
erhältst du die Zahl 300.

9. Überprüfung der Lateralität

☐ sichere Zuordnung

☐ Rechts-links-
   Auffälligkeiten

☐ Unsicherheiten

Die Autoren:

1. **Franz Arenhövel**, Jahrgang 1948, Rektor einer Grundschule in Münster; Studium zum Grund- und Hauptschullehrer; seit 1974 als Grundschullehrer tätig. Schwerpunkte der Arbeit: Computereinsatz in der Grundschule; Förderungen von Lernschwächen: Lese- und rechtschreibschwache sowie rechenschwache Kinder. Veröffentlichungen über diese Themen in verschiedenen Fachzeitschriften. Mitautor des MATHEBAUMS (Mathematikwerk für Grundschulen), Autor verschiedener Software für die Grundschule und des Buches „Computereinsatz in der Grundschule", 1994.

2. **Marianne Brinkmann**, Jahrgang 1948, staatlich geprüfte Gymnastiklehrerin und Motopädin, Ausbildung als Voltigierwartin. Schwerpunkte ihrer Arbeit: Psychomotorische Arbeit und heilpädagogisches Voltigieren in Grund- und Sonderschulen, Arbeit mit lernbehinderten und körperlich behinderten Kindern.

3. **Claudia Buchenberger**, Jahrgang 1967, Referendarin im Studienseminar Bochum mit den Fächern Sprache, Mathematik und Sport. Schwerpunkte ihrer Arbeit: Förderunterricht für lese- und rechtschreibschwache sowie rechenschwache Kinder; seit 1993 im Förderbereich an der Margaretenschule tätig.

4. **Lothar Dunkel**, Jahrgang 1948, Diplom-Psychologe; Leiter der Schulpsychologischen Beratungsstelle der Stadt Münster; Vorsitzender der Sektion Schulpsychologie des Berufsverbandes Deutscher Psychologen. Schwerpunkte seiner Arbeit: Organisation und Weiterentwicklung von Schulpsychologie.

5. **Alexandra Hoppe**, Jahrgang 1963, Ergotherapeutin an einer Grundschule in Münster; Studium der Psychologie; arbeitet seit 1986 als Ergotherapeutin mit entwicklungsverzögerten, wahrnehmungsgestörten und verhaltensauffälligen Kindern in verschiedenen Einrichtungen. Schwerpunkte der Arbeit: Sensorische Integrationsförderung, Kinderspieltherapie, Motopädagogik und Förderung lese- und rechtschreibschwacher Kinder.

6. **Bernhard Ringbeck**, Jahrgang 1950, Diplom-Psychologe und Diplom-Pädagoge; seit 1983 Schulpsychologe an der Schulpsychologischen Beratungsstelle der Stadt Münster. Schwerpunkte der Arbeit: Lern- und Verhaltensschwierigkeiten im Grundschulbereich, Prävention im Kindergarten und Schulkindergarten, Förderung von Kindern mit Bewegungsauffälligkeiten sowie Lese- und Rechtschreib-

schwierigkeiten. Veröffentlichungen über diese Themen in verschiedenen Fachzeitschriften und Büchern. Tätig in der Lehrerfortbildung sowie Erwachsenenbildung.

7. **Anke Talmeier**, Jahrgang 1965, Grundschullehrerin in Düsseldorf. Tätig in der Lehrerfortbildung zum Thema: Rechenschwache Kinder in der Grundschule; seit 1991 im Förderbereich an der Margaretenschule tätig.